Learning Stories and Teacher Inquiry Groups
Reimagining Teaching and Assessment
in Early Childhood Education

早期教育中的真实性评价和审辩式教学

学习故事与教师探究的力量

[美] 伊奥罗·M.埃斯卡米拉（Isauro M. Escamilla）
琳达·R.克罗尔（Linda R. Kroll）
丹尼尔·R.迈耶（Daniel R. Meier）
安妮·怀特（Annie White）
著

周菁 译

图书在版编目（CIP）数据

早期教育中的真实性评价和审辩式教学：学习故事与教师探究的力量／（美）伊奥罗·M.埃斯卡米拉（Isauro M. Escamilla）等著；周菁译.—北京：中国轻工业出版社，2022.9（2024.3重印）

ISBN 978-7-5184-4005-4

Ⅰ.①早… Ⅱ.①伊… ②周… Ⅲ.①早期教育–研究 Ⅳ.①G61

中国版本图书馆CIP数据核字（2022）第105398号

版权声明

Learning Stories and Teacher Inquiry Groups: Reimagining Teaching and Assessment in Early Childhood Education. Copyright © 2021 by the National Association for the Education of Young Children. All rights reserved.

责任编辑：张天怡　　责任终审：张乃柬
策划编辑：高　君　　责任校对：刘志颖　　责任监印：吴维斌

出版发行：中国轻工业出版社（北京鲁谷东街5号，邮编：100040）
印　　刷：三河市双升印务有限公司
经　　销：各地新华书店
版　　次：2024年3月第1版第2次印刷
开　　本：710×1000　1/16　印张：12.5
字　　数：115千字
书　　号：ISBN 978-7-5184-4005-4　定价：52.00元
读者热线：010-65181109
发行电话：010-85119832　010-85119912
网　　址：http://www.chlip.com.cn　http://www.wqedu.com
电子信箱：1012305542@qq.com
版权所有　侵权必究
如发现图书残缺请拨打读者热线联系调换
240287Y1C102ZYW

译者序　共鸣与另一种可能
——来自美国幼教同行的故事

学习故事这一儿童学习评价方式虽然来自新西兰，但它从"取长"的视角观察和记录日常生活中儿童能做的、感兴趣的、好奇的……时刻或事件，旨在不断地促进儿童的学习，推动课程的发展。它重视关系、学习者的心智倾向以及跨越边界建立的多元连接。它所具有的这些评价特点，与我国《幼儿园教育指导纲要（试行）》《3~6岁儿童学习与发展指南》《幼儿园教师专业标准（试行）》所追求的以"幼儿为本"的核心价值取向，以及"以学定教""教中有评、评中有教、评教合一"和"切忌用一把'尺子'衡量所有幼儿"等教学和评价愿景相契合。因而，近年来，学习故事受到了包括我在内的许多中国幼儿教育工作者的关注。许多中国幼儿教育工作者也开始尝试借鉴学习故事的理念和实践转变儿童观和评价观，转变观察、记录和评价儿童的理念与实践。

事实上，不仅中国幼儿教育工作者在研习学习故事，它也正被世界其他国家的教育者认识和研究，包括本书的作者们。在与新西兰教育领导力项目的创始人温迪·李（Wendy Lee）（也是学习故事的初始研究者和持续推动者）一起工作期间，我常常听她提起美国这群由幼儿园一线教育者、管理者和大学教授组成的学习故事研习者，听她讲美国教师的一些探究活动，以及他们在新西兰研习时的一些感悟。2021年8月，温迪老师发来消息说，美国教师的故事（即本书）已经由全美幼教协会正式出版，于是我迫不及待地想要看看美国同行是如何与学习故事结缘的。我也很好奇，他们的学习故事探究之旅究竟有什么不一样？

认真读完本书后，美国教师的故事引发了我深深的共鸣，也让我看到了学习故事带来的另一种可能，即学习故事不仅有助于促进儿童和教师的学习与成长，还有助于建构以人为本的合作探究型学习者共同体，以共同探究真实性评价、审辩式教学、包容、公平等重要教育议题。

　　之所以说这本书引发了我的共鸣，首先，是因为美国教师对新西兰国家早期教育课程"Te Whāriki"[1]及学习故事的理解和认识与我们的不谋而合。比如，他们认为这套"以回应为中心、以关系为焦点、以研究为基础的课程和评价体系"打破了传统的从"不足"的视角看儿童的教学和评价方法，提供了"重新想象儿童形象和教师形象"的可能性以及一个支持教师"在学习环境中自然地观察儿童，并记录儿童各自的兴趣、发现和才能"的框架。

　　其次，美国教师关于评价的一些实践、困扰和思考，也是很多中国幼儿教师所关注的，比如，学习故事是什么、怎么写，学习故事所重视的"儿童学习和成长中的细微时刻"与"强制性标准化评价"及"评价指标"之间的关系和连接方法，等等。美国教师有关观察、记录和学习故事撰写的经验，以及他们的观点——"学习故事可以作为一种额外的、补充性的、基于叙事的真实性评价形式""协助评估办学质量、积极的社会性和情感班级氛围、班级的物理环境以及儿童的发展里程碑"，都给我带来了启发。

　　最后，美国教师的学习故事实例以及他们在探究小组会议中分享故事、共同反思、相互反馈时所传递的爱、喜悦、兴奋、顿悟、深思……也是我和中国教师一起工作时的体会。这也更加坚定了我的一个信念，那就是，围绕儿童的学习与发展进行观察、记录、反思和探究，不应只是教师个人的事情，也不是短期培训就能实现的，而是教师及其所在团队在共同的愿景指引下持续努力与合作的成果。

---

[1] 毛利语，音译为"特·法理奇"，含义为"编织而成的草席"。——译者注

美国教师在本书最后部分呼吁,"无论是早期教育的相关政策还是实践,都不应允许数据驱动的评价实践继续压制儿童、家长和其他家庭成员的声音与贡献,这一点至关重要。我们恳请你考虑使用诸如学习故事之类的评价方式,它们可以使你所服务的不同儿童、家庭以及你自己和其他教育工作者的声音变得清晰可闻。参与探究小组的工作并深入思考学习故事,能够彰显并提升你的价值观、你对儿童及其家长的关怀和爱,以及你对这个职业的热爱。"这亦引发了我的反思和畅想。

除了共鸣,我还说一说我看到本书带来的另一种可能,即基于学习故事的理念和实践,借助教师探究小组,教师探究者共同研习如何观察、记录儿童的学习与发展,共同探究教育中的重要议题,从而促进儿童和教师以及合作探究型学习者共同体的学习与发展。对中国幼儿教师来说,这几句话可能并不新鲜,听上去似乎正确,但同时也可能觉得有点空洞。因为,我国很多地方的幼儿园或学区都有各级教研组织、教研员或教研小组,与美国教师的"教师探究小组"可能存在相似之处,学习故事、观察、记录、教师专业成长和学习者共同体对中国幼儿教师来说也不是什么新事物和新概念。因此,我认为本书带来的不是一种"新"可能,而是换一种视角、思路和实践来看已有事物的"另"一种可能。

本书作者通过他们自身及其同事的亲身经历和实践,以及探究小组成员所撰写的一个个学习故事实例,呈现和探讨:① 教师另一种可能的形象,即教师不仅是教育者,还是"学习者"和"探究者";② 教研小组或教师探究小组另一种可能的组织形式,即灵活多样又相对稳定、自愿自主又合议合作、审辩质疑又彼此支持;③ 教师探究者和教师探究小组另一种可能的学习与探究内容,即避免泛化、重复、重视专家声音的培训内容,聚焦于教室里发生的对儿童和教师来说重要的事情,并将儿童、教师、家长等多元化的声音纳入进来,共同"反思和讨论课程理念、对儿童的学习所做的记录以及工作中的挑战和成就";④ 学习故事和教师探究小组融合带来的另一种可能的力量,即能让教师通过自己所观察到的儿童学习和成长中的细微时刻(学习故事中所记录的稍纵即逝的小事件),连接儿童、自己和彼此的经历、情感与认知,共同深入反思和探究一些宏大且重要的教育议题,如包容和公平。诚然,美国教师所关心和经历的具体事件及教育议题与中国幼儿教师的不尽相同,比如,本书作者所关心的与包容和公平相关的具体议题更多地聚焦于有特殊需要的儿童以及移民家庭儿童的学习与发展,但书中收录的学习故事以及美国教师围绕这些故事相互提问和彼此呼应的实录,都可能给想要走进每一个中国孩子内心世界的人在具体行动、策略和思考框架等方面带来启发。

感谢中国轻工业出版社万千教育编辑部对我的信任。在翻译过程中,书中的一些用词和表达方式给我带来了挑战。比如,play 一词,一般被翻译为"游戏",不过在本书中,我大多数时候把它翻译成"玩耍",只在某些地方根据上下文语境翻译成"游戏",因为我想突显 play 一词所蕴含的"玩"的意味,同时也不否认在不同的情境中 play 可能存在不同的内涵和多元解读。再如,critical pedagogy 通常被翻译为"批判性教学",而我在本书中大都把它翻译为"审辩式教学",只在极少数地方把 critical 一词译为"批判",因为我想强调在探讨教学法的语境中 critical 一词可能蕴含的质疑、审慎和思辨意味。此外,documentation 一词通常被翻译成"纪录"或"教学/课程档案",指的是:①用一系列手段记录儿童学习的过程;② 被收集在一起的记录材料;③ 教师对记录进行的反思。可见,documentation 既有"记录"的动词属性,又是一种"文档"。因而,在本书中,我选择把 documentation 统一翻译成"记录文档",意在强调"记录"这一行动的重要性,同时亦指教师通过各种记录手段所获得的文档材料,如教师对儿童学习的记录,教师对自己想法(如分析、反思、解读等)的记录,以及教师对自己与家长、同事、探究小组成员等进行对话和共同探究的记录。

对我而言，翻译本书是一段宝贵的学习旅程，有挑战、有思考，也有感动。我深知，以我的功力，本书的翻译离理想中的信、达、雅相去甚远。因而，我真诚欢迎读者的批评指正，也邀请大家围绕学习故事以及探究、记录和反思进行进一步的讨论与对话。

周　菁

2022 年 4 月于北京

前　言

儿童接受正式学校教育的最初几年，为他们以后融入社会和取得卓越的学业成就奠定了强大的社会和教育基础。早期教育工作者，包括主班教师、配班教师、园长和其他行政管理人员等，与家长和社区一起，在这个奠基阶段起到至关重要的作用。然而，早期教育工作者并没有得到能够支持他们专业成长和发展的充足资源，也没有一个能将他们凝聚在一起进行合议、对话与合作的系统。在这些问题得到解决之前，我们将继续受阻，无法为早期教育工作者提供他们最需要的高质量专业支持。本书则提供了一个模式，可以为早期教育工作者提供更有力的专业支持。书中的实例强调了早期教育工作者在优化评价和教学实践中的作用。本书中的故事以及与之相伴的行动和讨论，将帮助早期教育工作者反思一些长期形成的、可能正在阻碍他们专业成长的模式和循环，从而改变他们的实践方式。

是时候借鉴一些新思想和新行动了，同时，早期教育工作者们需要共同努力，以改进评价和教学方法，并让所有儿童都有机会进行有意义的社会参与和取得卓越的学业成就。本书致力于进行这样的探讨。我们在书中描述和解释了如何在早期教育中很好地使用学习故事，以及如何将学习故事融入有关教师探究、记录和反思的专业发展过程中。定期召开的探究小组会议是我们使用的主要手段，这些会议将早期教育工作者聚集一堂，展示和反思他们的记录和学习故事。探究小组会议让早期教育工作者可以响亮地发出自己的声音，使他们的知识和见解变得可见，为他们提供了一个可以在合作、民主的氛围中与同伴分享和反思自己认知的论坛。

学习故事的用途

学习故事起源于新西兰（Carr，2001；Carr & Lee，2012，2019），那里的教育工作者让我们了解到这一课程和评价方法能够让儿童的学习变得可见，并突显与儿童的玩耍、互动、语言、文化传统、家庭、社区关系以及优长相关的重要理念和疑问。本书聚焦于在每一个儿童的教育中，学习故事在促进真实性评价与审辩式教学之间建立新联系的过程中所发挥的重要作用。学习故事可以帮助教育者找到一个新途径，以更好地思考为什么以及如何观察、记录和反思儿童的学习与发展等问题。

本书适用于正在攻读文学副学士学位[1]、文学学士学位、硕士学位课程的早期教育工作者，以及通过专业学习共同体、探究小组、读书俱乐部等形式进行专业合作和对话，以提升专业发展水平的各地教师。它也适用于早期教育行政管理人员、专业培训人员、教研员和师范教育工作者，他们与教师一起致力于改进对儿童的评价、教学以及与家长的关系，并构建一个同心协力合作的团队。

学习故事既适用于在公立教育机构工作的教育者，又适用于在私立教育机构工作的教育者。它也适用于使用多种课程和教学方法以及评价手段的教育者。学习故事既可以被纳入普通教育，又可以为有特殊需要的儿童服务。此外，为具有多种文化和语言背景的儿童提供服务的教育者，以及以多语言教学为特色的教育机构，也可以使用学习故事。学习故事的撰写对象主要是0—8岁儿童[2]，但它也可以很好地应用于学龄儿童。

---

[1] 美国两年制社区大学所授予的学位。——译者注

[2] 在美国，早期教育是指所有针对0—8岁儿童的各种教育活动的总和。——译者注

学习故事与探究

当早期教育工作者将学习故事与参与探究小组这一专业发展过程联系起来，与系统地收集和反思早期教育机构的资料联系起来时，他们的讨论和反思会更深入，水平就会得到提升。在一个充满信任的、合议式的论坛（如定期组织的探究小组会议）中，当早期教育工作者向同事重新讲述和重温儿童发展过程中那些看似无关紧要的时刻时，学习故事就会呈现出新的意义和重要性。早期教育工作者通过创作和分享学习故事，可以提高他们个人的观察和记录技能，也会鼓舞和赋能团队中的其他参与者。如果探究小组能够在早期教育机构内部和各早期教育机构之间持续数月或数年开展探究活动并保持活力，那么一种新的信任和合作意识就会在教育者心中生根发芽，并鼓励他们相互信任，借由彼此的观察和见解改进自己的实践。在一个强调团队合作和集体共同解决问题的行业中，美国早期教育工作者很少有时间和专业发展空间来展示他们的教学故事并给予彼此反馈。本书展示了如何创造这样的时间和空间。

本书结构

本书包括六个章节和一个附录。每一章都从一组反思性问题开始，同时包括一些专栏，以突出重要的观点、策略以及与学习故事相关的其他见解。第二章到第六章均收录了由本书作者和同事们创作的学习故事。这些学习故事用英语、西班牙语、繁体中文、夏威夷语撰写。

第一章着重定义与解释探究、记录和反思是什么以及它们最为重要的形式与功能。本章介绍了组建和运行探究小组，收集和分享与儿童学习有关的数据和材料，以及在探究小组这样的合作式论坛中反思学习故事和其他记录文档的有效方法。

第二章介绍了学习故事的基本结构，以及如何利用学习故事对儿童进行真实性评价。本章还讨论了高质量、有意义的学习故事所遵循的基本原则。

第三章阐述了识别和创作学习故事的过程，以及如何识别一个或者一系列时刻并将其记录在学习故事中。本章描述了收集与儿童的学习、玩耍及互动相关的素材，以及利用文字、音频和视频等手段创作学习故事的有效目标和策略。

第四章聚焦于学习故事的力量，它能够捕捉儿童的社会性发展、玩耍和语言发展，并让这些方面的发展变得可见。本章着重介绍了学习故事的价值，它可以彰显儿童在进行社交和玩耍时会调用自身文化和多种语言方面的资源以及才能。

第五章探讨了学习故事如何赋能早期教育工作者，使他们认识并分享儿童及其家庭在文化、社会和语言方面的兴趣与优势。从基于优长和教育公平的视角出发，本章展示了探究小组成员创作的一些学习故事如何帮助早期教育工作者反思他们对语言、文化、偏见和刻板印象的理解。

第六章聚焦于家庭在拓展和运用学习故事过程中的作用，以及探究小组如何提供一个有效的论坛，使教育者们分享和反思将家长融入早期教育评价与课程的新方法。

附录阐释了早期教育领域中的一系列常用评价工具，如质量等级评估改进系统（QRIS[1]）、课堂评估评分系统（CLASS[2]）、预期发展结果概况（DRDP[3]）、学习环境评量表（ERS[4]）、年龄和发展阶段调查问卷（ASQ[5]）、语音意识和读写能力筛查（PALS[6]）等。所有这些评价工具都可

1　英文全称为"Quality Rating and Improvement Systems"。——译者注
2　英文全称为"Classroom Assessment Scoring System"。——译者注
3　英文全称为"Desired Results Developmental Profile"。——译者注
4　英文全称为"Environment Rating Scales"。——译者注
5　英文全称为"Ages and Stages Questionnaires"。——译者注
6　英文全称为"Phonological Awareness and Literacy Screening"。——译者注

以结合学习故事来使用，学习故事可以为它们提供相关证据。

本书如何呈现学习故事

阅读本书时，你会发现很多学习故事实例。我们用小照片的形式"原汁原味"地呈现了这些学习故事，这样你就可以体会到每个故事的独特之处。我们会呈现这些学习故事的节选片段，并围绕它们进行讨论，当然也会提供全文。

开始探究

本书标志着美国早期教育界的一项新尝试，即把学习故事与合作性的、有组织的教师探究联系在一起。作为作者和早期教育工作者，我们将本书视为与同样作为早期教育工作者的你们进行合作的一种方式。我们鼓励读者与我们联系，共同就学习故事以及探究、记录和反思进行进一步的讨论与对话。我们希望围绕"学习故事与教师探究之间的联系"所进行的观点和策略交流，可以在美国的早期教育界扎根，并由此扩大我们的专业合作圈和对话圈。

致　　谢

本书作者怀着谦逊之心诚挚地感谢新西兰早期教育研究者和实践者们的开创性工作，感谢他们设计并应用了双文化[1]和双语（毛利语和英语）课程——"Te Whāriki"，以及儿童学习评价方法——"学习故事"。由玛格丽特·卡尔（Margaret Carr，2011）和同事们主导研发的这套国家性课程是一项了不起的成就和成果！在新西兰教育部的支持下，玛格丽特·卡尔、海伦·梅（Helen May）、蒂莉·里进（Tilly Reedy）、塔马蒂·里迪（Tamati Reedy）和其他相关人士用创新的领导方式与合作方式，研发了这套基于社会-文化理论的国家性早期教育课程，它也是一套以回应为中心、以关系为焦点、以研究为基础的课程和评价体系。正因为新西兰早期教育界坚定的信念和持续地投入，"Te Whāriki"和学习故事才得以在新西兰早期教育工作者的心中和教学实践中扎根，并漂洋过海来到美国。

特别感谢新西兰教育领导力项目的主管温迪·李。温迪·李始终如一地支持学习故事在美国和世界各地的推广与发展，给研习学习故事的本书作者们进行了多次讲座，也给予我们很多鼓励和指导。我们谨代表新西兰、美国和世界各地的教师们感谢温迪·李和新西兰教育领导力项目团队的无私奉献。

此外，我们还要感谢玛吉·卡特和德布·柯蒂斯（Margie Carter & Deb Curtis）的贡献与充满激情的工作，她们共同撰写了多部书籍，启

---

[1] 毛利文化（新西兰原住民文化）和非毛利文化（新西兰移民组成的多元文化）。——译者注

发并挑战了美国和其他国家的教育者们，促使他们成为善于思考的变革者和反思型的实践者，亦能深入倾听和看见儿童，并将公平、全纳的课程和评价实践融入早期教育机构。尤其要谢谢她们的两部著作给我们带来的启发，其中一部是《观察的艺术：观察改变幼儿园教学》[1]，它在最后一章阐述了学习故事；另外一部是最新版的《和儿童一起学习：促进反思性教学的课程框架》[2]。特别感谢玛吉·卡特这些年来与"灵感新西兰"（NZ Inspire）合作组织的海外研学活动，让我们得以学习新西兰了不起的早期保育和教育体系、Te Whāriki 课程以及学习故事这套评价理念和方法。谢谢你，玛吉·卡特，是你助力学习故事的火种在美国播撒和熊熊燃烧。

感谢汤姆·德拉蒙德（Tom Drummond）通过自己的网站让学习故事可以在美国被大家看见，该网站上有大量对早期教育工作者、大学教授和学生来说真实又实用的学习故事。你总能用清晰的声音轻松地诉说着用心撰写学习故事是一项令人愉悦的艺术。谢谢你在虚拟网络世界的开创性工作，让各地的教育者们可以走进学习故事。

我们特别感谢全美幼教协会和苏珊·弗里德曼（Susan Friedman）在本书撰写和出版过程中给予的支持，尤其是对我们学习故事探究小组所做工作的信任。我们向达娜·巴塔利亚（Dana Battaglia）致谢，在创作本书的过程中，你不仅帮助我们编辑文本，还是一位耐心、反思型的合作伙伴。我们也要感谢所有为本书提供了学习故事的了不起的教育者们，同时向学习故事中所涉及孩子的家长致以最诚挚的谢意，谢谢你们允许我们在书中呈现孩子们的学习故事。

最后，我们还要感谢"支持学习故事在美国发展"这一组织，谢谢你们全力支持我们参与"学习故事促进者探究小组"的工作，并且以学

---

[1] 该书的简体中文版已由南京师范大学出版社于 2018 年引进出版。——译者注
[2] 该书的简体中文版已由教育科学出版社于 2011 年引进出版。——译者注

习故事探究小组引导者身份在各自的社区承担引导探究的责任。感谢所有重视这项重要工作的人们，所有愿意深化学习故事实践的人们，以及所有致力于让教师、儿童和家长发出更响亮、更多元、更有力声音的人们！

目　录

译者序　共鸣与另一种可能——来自美国幼教同行的故事 / I
前　言 / VII
致　谢 / XIII

第一章　教师探究小组的力量：连接探究、记录和反思 / 001
从反思开始 / 001
在探究小组中创作学习故事 / 002
教师探究的目标、结构和益处 / 007
促进专业发展的教师探究小组 / 012
本章小结 / 017

第二章　学习故事：通向真实性评价和审辩式教学的路径与框架 / 019
从反思开始 / 019
为所有儿童和家庭提供真实性评价与审辩式教学 / 021
学习故事的基本原则 / 023
学习故事的基本组成部分 / 024
本章小结 / 034

第三章　识别和创作学习故事 / 037
从反思开始 / 037
一所双语幼儿园的探究小组 / 038
识别和撰写学习故事 / 041
故事使儿童、教师和家长的生活经验人性化 / 044

学习故事捕捉儿童的生活经验 / 046

探究小组：可能带来变革的教育空间 / 057

本章小结 / 058

第四章　教师探究和学习故事的融合：社会化、游戏和语言 / 061

从反思开始 / 061

建构主义与师幼的学习 / 062

社会性和情感发展、游戏与课程 / 063

与社会性和情感发展有关的学习故事 / 066

关乎社会化、游戏和语言的学习故事：探究小组的益处 / 070

跨越了发展时间轴的学习故事 / 077

本章小结 / 099

第五章　教师探究和学习故事的融合：公平的学习机会 / 101

从反思开始 / 101

实践中的学习故事和探究小组 / 103

启动普莱瑟县和内华达县探究小组 / 103

拉斯美洲探究小组 / 117

本章小结 / 121

第六章　家庭参与和学习故事：融入多元声音 / 125

从反思开始 / 125

人际关系的建立 / 128

在园外运用学习故事的机会 / 134

一所社区大学中的学习故事实践 / 139

儿童的声音 / 156

本章小结 / 161

附　录　学习故事可以为各种评价工具提供补充 / 163

参考文献 / 169

第一章

教师探究小组的力量：连接探究、记录和反思

教师探究被定义为基于实践的探究。当教师偶然发现一个独特的但常常令人烦恼的问题时，即发现一些难题和困惑时，教师探究就出现了。

——雷内塔·戈森（Renetta Goeson，2014，p.3）

从反思开始

> 教师探究对你来说意味着什么？
> 在你所参加的文学副学士、文学学士或硕士学历的职前教师教育课程中，是否有侧重于教师探究的内容？
> 在你所在的教育机构中，你是否有独自或与同事合作进行教师探究的经验？如果有，这个过程在个人层面和专业层面给你带来了哪些益处？
> 你是否考虑过尝试进行教师探究，并对它所涉及的内容感到好奇？
> 如果你想与同事或同行共同创建或加入一个教师探究小组，你需要哪些启动资源？

本章，我们将解释教师探究、反思和记录文档的含义，描述教师探究小组的基本目标、组织结构和益处。我们重视探究小组，因而我们会

重点讨论在早期教育机构中定期、系统地召开探究小组会议如何为教师提供了一个合作性的、支持性的论坛，以展示他们正在开展的探究工作和收集的学习故事。这些会议通常沿用一套流程，参会教师可以从同伴那里获得有针对性的、支持性的反馈，这些反馈关乎探究、学习故事和教学的下一步可能。在本章，我们描述并分享了几位教师与同事们一起组建探究小组并践行学习故事的实例。这些例子说明了教师组建探究小组的多种方式，以及将学习故事纳入教学实践的多种策略。

在探究小组中创作学习故事

教小朋友，有时是一种让人难以抗拒、令人兴奋又充满变化的体验，这种体验让它成为最有可能给人带来满足感的职业。有时，它又是一个充满挫折、指令和不足的职业。或者，两者兼备。但最重要的是，教师需要感受到，他们对自己的教学、班级或幼儿园有一定的控制力，能发挥自己的主体能动作用；他们知道自己在做什么以及为什么这样做；他们与学习共同体中的其他教师、儿童和家长协调一致且同步。

当你与其他教师一起反思你们所注意到的班级事件，就班级事件提出疑问，并系统地思考自己的行动时，你会感受到他人对你工作的支持。定期召开会议让教师们有机会对教室里发生的事情进行集体反思，学习如何更好地进行自我反思，也有机会用诤友的身份相互质疑，彼此提出与所教班级、儿童及其家庭有关的疑问。

这里有一个来自某幼儿园的实例。在第五教室里，艾拉、亚伦和劳拉与一群充满活力的 3—5 岁儿童一起生活。这三位教师刚刚开始接触学习故事，作为探究小组的伙伴并肩工作。

艾拉写了一篇题为《亲爱的亚历克斯》(Dear Alex) 的学习故事，描述了 4 岁男孩亚历克斯在小组活动时间如何尝试新事物，尤其是学习写写画画。艾拉用书信体撰写了这篇学习故事，即给亚历克斯写了一封信。在这个故事里，艾拉用一个段落描述了亚历克斯取得的进步，它呈现了亚历克斯从大声尖叫不愿参与小组活动，到第一个加入小组活动的变化。在班里的孩子通过讨论提出"练习让你变得更好"这一口头禅并开始使用它之后，亚历克斯无论在班里生活还是写写画画都变得更加轻松自在了。

在艾拉分享了这个学习故事之后，亚伦和劳拉也分享了他们所记录的孩子们为彼此的学习提供支持的实例。在这次讨论中，第五教室的三位教师一共分享了三个学习故事：一个有关某个孩子的学习故事，一个有关一组儿童交朋友的学习故事，以及一段有关孩子们围绕"一栋积木大厦的中央"进行思考的视频。每一次讨论时，教师们都会分享他们的学习故事，其他教师则就故事中的教学实践和儿童提出自己的疑问。这个班级和这几位教师还会在本章中出现，我们将结合这个班级的实例探讨利用学习故事进行教师探究的过程。

反思的重要性

对自己的教育实践进行反思，这意味着，你要花时间思考那些发生在班里的事情；审视你在工作中留下的印记和孩子们创作的东西，包括可以唤起你记忆的笔记、拍的照片以及录制的音频和视频；看见你当时在教育现场没有注意到的东西。当你开始学习系统地反思（例如，定期进行反思，使用自己所熟悉的工具进行反思，参考所收集的数据未雨绸缪、提前规划）时，你就会从反思转向探究，即就教室里发生的事情提出疑问，以便更好地指导儿童和你自己。

如果你独自一人在一个家庭式托育中心工作，怎么办？你还能和他人一起合作，共同思考吗？越少陷入一个人的苦思冥想，你就越能感受到自己是被支持的和会反思的。即便大多数时间里，只有你一个成人面对几个孩子，你也仍然可以通过很多方法找到一起反思的小伙伴。我们会在本章及后面几章讨论寻找这类伙伴的多种可能。但是，有一点请记住，在你工作的地方，就有可以与你一起反思的小伙伴——儿童及其家人。你也可以和那些虽然没有每天和你一起工作，但同样对这份工作充满兴趣的人一起反思。

与儿童、家长一起围绕班里发生的事情进行反思，将促使你对那些令你困惑、印象深刻或惊讶的事情产生一些疑问。当你对这些事情进行系统的思考时，你就开启了一段探究旅程，从本质上说它是反思过程的系统性拓展和延伸。我们以发生在第五教室里的那次讨论为例，艾拉、亚伦和劳拉三位教师都参与了这样的反思和探究，以了解儿童从他们的小组教学实践中获得了什么。

从反思到探究

教师可以借助多种方式进行探究，比如审视一些物品（例如儿童的作品或儿童互动时的照片）、分享记录文档（即基于日常记录的文档，如观察笔记）或者记录了教师教学和儿童回应的视频或音频。举例来说，艾拉、亚伦、劳拉和我（琳达）一起观看了一段教学视频，这促使劳拉对自己的教学和儿童对她所教概念的理解程度提出了疑问。

记录文档是探究过程的关键。有关班级互动和儿童玩耍的不同形式的记录文档可以引发教师们的讨论，并有助于他们形成更正式的探究疑题。记录文档包含许多材料，这些材料是由参与探究的教师在一个项目或活动开展过程中收集的。通过分享和讨论这些记录文档，教师们可以从探讨普遍令他们费解的问题或有关某一事件的具体疑惑，转向聚焦式探究。最为重要的是，探究是你对待工作的一种立场或态度。它表达了一种好奇、一份热爱和一个兴趣。站在探究的立场上，你尽量不要对自己正在做或已经做过的事情持批评或消极态度。相比问"什么是正确的"和"什么是错误的"，问"这里发生了什么"或者"儿童或教师正在想些什么"会让你收获更多。

记录文档的种类：激发疑问和好奇

记录文档主要有两种：一种是过程中的或者"原始的"记录文档（Meier with Chavez，Eung，& Mancina，2017），另一种是有助于进一步探究的记录文档（Forman & Fyfe，2021；见表 1.1）。参与探究小组的教师会尝试运用一系列记录流程和产品，也会看到探究小组里的其他教师是如何把自己的个人风格和印记带进记录文档中的。任何记录流程或产品都不是一成不变的，也不应如此。有效的记录文档来自一套为收集素材和个人的创造、发明而精心设计的系统。但是，有效的记录文档会受到一些因素的影响。例如，幼儿教师奥斯·查韦斯将他的记录文档与几个相互关联的维度联系在一起：教学、儿童的学习和儿童家庭的支持（Meier with Chaves，Eung，& Mancina，2017，p. 77）。

表 1.1 记录文档的两种主要类型

过程中的或"原始的"记录文档	有助于进一步探究的记录文档
• 有关儿童的行为或搭建作品的照片	• 记录文档活页夹或本子
• 儿童的艺术作品	• 记录文档展板
• 教师的观察笔记	• 墙面上或告示栏里的记录文档
• 教师的反思性日志	• 内容更为详尽的视频
• 简短的音频和视频	• 纸质版或电子版班级博客或学校博客上的
• 儿童的话语和口述的故事	文章
• 有关儿童集体头脑风暴的纸质或者电子记录	• 纸质版或电子版学习故事

每个探究小组都会逐渐形成一个专属于自己的记录文档工具箱，里面装有一些记录策略和材料。随着时间的推移，探究小组的成员们会不断地拓展与提高他们个人和集体运用这些记录工具的能力。例如，拉斯美洲探究小组（由美国旧金山市一所公立幼儿园的教师们组成，本书作者伊奥罗和丹尼尔共同为他们提供专业引导和支持）在过去几年时间里，尝试运用了各种形式的记录文档。这个探究小组从收集和分享儿童

在室内外工作与玩耍的照片、儿童学习的产物（如儿童的艺术作品）开始。参与探究的教师还会撰写观察笔记，并在探究会议上分享。同时，这个探究小组运用多种方式对这些素材进行整理，比如装订成书、装在记录文档活页夹中、做成大小不同的展板、发表在电子博客上或者整理成幻灯片、音视频文件和儿童学习成长档案。最近，这个小组开始聚焦于创作和分享学习故事。

有关班级互动、活动、课程和儿童作品的记录文档，可用于反思，也可用来生成和阐明探究的问题。现在，让我们再次回到第五教室看一看：劳拉和孩子们一起开启了烹饪主题单元的学习，孩子们学习烹饪不同的食物。随着这个单元活动的逐步开展，劳拉也开始收集一些能反映这段学习旅程的素材，如孩子们画的画、孩子们的讨论、孩子们学习时的照片以及他们所烹饪食物的照片。当劳拉和同伴一起审视这些素材时，他们就孩子们在烹饪冒险活动中学习了什么提出疑问，如关于热能的效力、烹饪食物时的不同加热方式（例如，食物是用烤箱、炉灶还是微波炉加热？）。孩子们还习得了一些烹饪技巧，如搅拌、混合、揉面和测量。一次，孩子们在做长棍面包时先给面团称重，然后把面团擀开。他们发现给面团称重和擀面团各有挑战。这些也是劳拉所学习和了解到的！通过审视她工作时的照片、某次小组称重活动的视频以及孩子们画的有关他们活动的图片，劳拉对这次活动的意义有了深入的理解。当她跟同伴分享这些记录文档时，新的疑问浮现出来。

为了让儿童融入探究过程，劳拉和孩子们一起在教室里创设了一个记录文档展板，并将其设在儿童视线所及的高度。在这个展板上，有孩子们一起烹饪时的照片，有他们的烹饪作品和烹饪工具的照片，还有他们享用自己所烹饪美食的照片。此外，展板上还包括孩子们对烹饪活动所做的一些评论。在对烹饪主题进行持续探究的过程中，孩子们会参考这个展板反思他们已经知道了什么，也会根据这个展板提出新建议，比如还可以烹饪什么、正在制作的烹饪书里还可以包含什么内容等。由此可见，围绕某个特定主题单元进行的教师探究，推动着这个单元的学习，并随着学年的推进而不断深入；同时，将一种"探究立场"扩展到班级学习共同体的所有成员身上。劳拉收集的各种形式的记录文档，对她逐渐理解儿童在烹饪项目中的参与和学习起到了关键作用。

记录文档

记录文档可以包含许多不同种类的素材，如观察笔记、照片、视频、音频和儿童的作品。它可以是没有经过整理的原始材料，也可以被收集到一个活页夹里或者整理成海报，供进一步审视。卡拉·里纳尔迪解释道："记录文档之所以被阐释和使用，是因为它可以作为一种能够唤起记忆的工具，即可能引发反思。"（Project Zero & Reggio Children，Carla Rinaldi，2001，p. 78）

教师探究的目标、结构和益处

教师探究是一个系统的、有组织的过程，包含一定的目标和结构，以便教师顺利地记录、反思和合作。

教师探究的目标

教师探究的首要目标是支持你成为能够理解和评价自己班级教与学的专家。站在探究、质疑和研究的立场上，教师既能管理好班级，又能接受教与学的不确定性。我们所说的教与学的"不确定性"（McDonald，1992）指的是什么？无论你计划和组织得多好，总会有意想不到的情况发生——有些是鼓舞人心的，有些可能带来阻碍和挑战。如果秉持探究的立场——总是对所在班级或幼儿园里发生了什么、为什么发生以及如何发生保持好奇，那么这些意料之外的情况就能够为教师、儿童和家长提供学习的机会。

教师探究的第二个目标是加深你对儿童发展的理解，以及对教学在促进儿童学习时所扮演角色的理解。这意味着你要采取这样的立场，即所发生的一切都提供了有关儿童理解了什么、教师是如何认识的以及儿童和教师正在学习什么的信息。秉持探究的立场，可以帮助教师以一种积极的态度看待儿童的行为，即儿童通常有充分的理由去做他们正在做的事情。拥有这样的视角，意味着教师在面对令人困惑或烦恼的事情时会体验到更多的好奇心和更少的挫败感（Kroll，2005）。让我们再一次回到前文提及的例子，因为艾拉想到了亚历克斯在写作和画画时面临的挑战，包括如何握笔、如何讲述一个故事、如何写自己的名字等，所以她开始理解亚历克斯为什么会抗拒小组活动。"练习让你变得更好"这句话，让小组中的所有孩子都能够为自己在这方面取得的发展而欢呼，而不是让亚历克斯觉得他是唯一在这方面遇到困难的人。

教师探究的第三个目标是保持教与学体验的趣味性！随着你在教学和班级管理方面的技能越来越娴熟，你可能会对常规性任务感到有些厌烦——毕竟，教小孩子如厕和自理能力会多有趣呢？！你又怎能一直保持投入的状态呢？而通过探究，即使是最平凡和最常规的任务，也为你提供了研究班里孩子的发展和学习以及你自己教学的机会。此外，了解不同家长对于这些自理常规的态度和看法，可以拓宽你对班里孩子所拥有的不同文化经验的理解。秉持探究的立场，为教师提供了看待和解释儿童的行为与学习，并运用不同的方式与儿童的家庭建立联系的各种可能性。

教师探究的第四个目标是通过提供记录文档，邀请儿童及其家人一起对班级或幼儿园的教与学进行探究。记录文档并不只是用来"展示"发生了什么，还可以"激发新的疑问"，比如，儿童正在学习什么，儿童、家长和教师如何一起工作来相互支持彼此的学习。记录文档可以有多种形式，如照片、儿童的作品、与儿童的工作和参与有关的故事、班级简报等。但无论采用哪种形式，记录文档的目的都是激发所有参与者进行提问和对话，而不是仅仅报告或展示已经发生的事情（Forman & Fyfe，2012）。

 重要观点

教师探究的四个目标

1. 支持教师的教学和评价
2. 深化教师对儿童和教学的认识
3. 让教师投入到与儿童、家长、同事一起工作的挑战和乐趣中
4. 通过系统地收集和分享不同形式的记录文档，支持持续的探究

教师探究的组织结构

教师探究小组可以由不同的人群组成。他们可以根据班级、家庭托育中心或学校（有不止一位教师）来组织。他们可以在学校内分小组召开探究会议，且每个小组的成员不一定都来自同一个班级；他们也可以把所有的教师召集在一起开会。此外，不同学校或幼儿园的教师也可以聚在一起共同反思和探究。除了当面讨论，他们还可以在线上会谈。

无论探究小组是如何组成的，小组成员都需要经常且定期地开会。这需要他们付出一定的时间。因此，学校或者园所的管理者需要为教师提供时间，以支持他们参与这一探究过程——让教师有时间面对面交谈，有时间收集和反思他们的素材，以及有时间创建并研究可用于进一步反思和探究的记录文档。

教师探究小组必须经常且定期地开会，让教师体会到优秀的实践离不开探究，以及探究亦有助于他们提升教学能力。探究小组是能让这样的支持和发展发生的地方。一旦知道自己将拥有固定的时间参与探究过

程，教师就会在日常教育实践中思考自己的探究疑题和记录文档。一旦知道自己有时间写下所思所想，也有时间收集并思考物品，教师就会开始期待这个过程，探究也将因此变得更有成效、更加系统。

 重要观点

教师探究小组需要什么

1. 必须有稳定的小组成员
2. 必须定期召开探究小组会议
3. 必须有统一的结构（如会议议程、分享方案）
4. 必须有专门的开会时间和地点

教师探究小组受益于一个既定的组织结构，它包含定期会议的议程，从而让教师对会议有所预期并做好准备。探究小组需要决定小组成员间互动的目标和方式。如果想让这些决策发挥最大作用，那么这些决策最好由小组成员集体做出。即便小组里有一个明确的引导者或组长，也最好是群策群力。

如果探究会议由引导者主持，那么引导者可以与当天准备进行分享的教师沟通，并确定会议议程。他还可以充当计时员，以公平和鼓励的方式对待分享者和其他参与者，确保会议能够依照议程进行。引导者可以由某一位教师担任，也可以由教师们轮流担任，这取决于探究小组的意愿和每个探究过程的特点。

探究小组如果能在会议中遵循某种方案，那么将大有裨益。方案可以为会议提供一个已知的、可预期的结构，这样，探究小组的成员们就会知道接下来可以期待什么，以及事情会如何发展。这样的方案通常包含一个大家都认可的会议议程，而会议讨论的焦点可以是一位教师或者一个班级的记录文档和探究，也可以是所有参与者都在思考的一个疑问，还可以是对大家都阅读过的某份材料做出的回应。除了会议议程外，方案中还常常包括分享者分享所需的时间，以及小组中的其他人通过提问和评论对分享者做出回应的时间（回应时很重要的一点是，确保回应始终聚焦于探究疑题和分享者所阐述的重点，而不是其他参与者由此联想到的自己的教学实践）。最后，方案中还可以包含为分享者的下一步探究提供的建议或反思，围绕分享者的探究内容进一步提出的疑问，以及让其他参与者针对他们自己的探究项目进行头脑风暴的时间。

 重要观点

拉斯美洲探究小组的会议结构

1. 每月召开一次时长约为 90 分钟的会议（管理者、教师、助教、培训者、来访者）
2. 小组引导者（制定会议议程、做会议记录、朗读方案、组织讨论）
3. 茶点时间
4. 宣读会议议程和公告（5 分钟）
5. 回顾上次会议记录，特别是上次会议中提出的有关下一步探究、记录和教学的内容（5~10 分钟）
6. 围绕近期阅读的材料，运用"文本显现法"（Text Rendering Experience）组织讨论（20~30 分钟）
7. 分享记录文档和教学实践，可以班级为单位分享，也可由教师和培训者单独进行分享（45~60 分钟）
8. 反馈，并提出下一步探究、记录和教学的可能（10 分钟）
9. 总结，并分享下次会议计划（5 分钟）

要想让探究小组成员对共同阅读的材料做出回应，那么非常有必要制定一个大家都认可的方案，这有助于他们聚焦于讨论内容，并为每个人提供公平的机会来分享自己的看法和感受。至于阅读材料，我们需要谨慎地选择，以支持教师对自己所选问题的探究；而围绕阅读材料进行的讨论，既要有助于阐明阅读内容，拓展教师对它的理解，又要能对教师正在进行的探究有所启发。

探究小组的益处

正如你所看到的，探究可以给教师、儿童和幼儿园带来很大的益处。探究可以为教师提供支持，帮助他们质疑和反思自己的实践，认识到他们的实践处于不断地发展中，既有趣又充满挑战。合作式的教师探究有助于构建强大的教师共同体，鼓励并认可教师自身的专业性，为他们提供一个可以分享日常出色工作的平台，也提供一个可以提出疑问并为理解儿童和家长而持续求索的论坛。只有当教师感到既被支持又能获得启发时，探究小组才是成功的。

探究小组的宗旨是为小组成员提供反馈，以及为他们提供一个可以共同进行反思与辩论的舞台。反馈，可以来自探究小组中的任何一个成员，也可以来自引导者。当然，还可以来自这两者。反馈，可能是鼓励性的、建设性的，也可能挑战那些以前从未被质疑过的假设和事物。自我反思，加上可信赖同事的反馈，有助于教师增强定期反思的能力和意愿，认识到变化和疑惑既能促成优秀的实践，又是优秀实践的证据。同事的反馈，也能帮助教师意识到，他们在这个行业中并不是独自一人闭门造车，而是与儿童及其家长携手同行。

促进专业发展的教师探究小组

当你和同事一起组成一个探究小组时，你就开启了一段将探究、记录和反思联系在一起的全新专业发展之旅。新西兰教育者布兰达·苏特（Brenda Souter）的金玉良言——"以开放的态度面对世界"——为合作式探究注入了强大动力。当你意识到你并不满足于只是一名教育者，而是想进一步拓展你的角色，成为一名能给儿童、家长、社会和自己带来积极影响的教育变革者时，你就会参与探究小组，你的专业发展之旅也就随之起航了。

合作和信任：依靠探究小组

合作和信任是早期教育探究小组有效、成功的基础。作为一名专业人士和成年学习者，探究小组的每一位成员都有自己的发展轨迹，因而，参加探究小组有助于教师在个人和专业两个层面的学习和成长。每一个精心组织和得到良好引导的探究小组，都为教师们提供了一个在鼓励、信任但又充满挑战的共同体中持续分享探究、记录和反思的论坛。

对成年学习者来说，当他们在群体中感到自在舒服时，当他们能够得到充分的情感和政治支持从而在小组中发言时，当他们知道自己的观点和感受被认可且被认真对待时，他们就可以获得最佳的学习体验。当教育者的身份、自我意象和角色因其独特性和因其对改善团队工作做出的贡献而得到支持和欣赏时，他们也会学习和成长。如果你长期参与探究小组的活动，你就会学着去信任探究过程和探究同伴，最重要的是，你会学着信任自己。你也会放下心中的一些恐惧，比如害怕被团队中的其他成员拒绝或排斥、害怕失败、害怕自己知识或能力不足。随着时间的推移，当探究小组不再仅仅是多个个体的集合，而是一个合作型的团队时，参与者就会将他们的个人议程和恐惧交托给团队的力量。从这个意义上说，探究小组实现了个人支持和群体支持的平衡，这样的双重收益通常是传统的早期教育专业发展模式或员工会议无法提供的。

对话和参与：有效的策略

对话和参与有助于增进探究小组成员间的信任与合作。当你一个人进行探究、记录和反思时，你会独自面对以下疑问：我应该收集哪些素材？如何收集？我收集的这些素材有什么意义和价值？我如何借助这些素材改进教学并促进儿童的学习？与谁分享探究和记录文档，可以让我的反思更深入？虽然一个人进行探究也是有价值的，但也是很孤独的，你会错过其他探究者的反馈和建议。这就是为什么参加一个探究小组——可以与本园的同事组成小组，也可以与其他幼儿园的教师组成小组——如此重要：合作式探究让你可以定期与探究同伴会面交谈，共同审视记录文档，并为下一步探究和教学集思广益（Henderson et al., 2012；Kroll & Meier, 2017；Stribling, 2017）。当小组成员在观察、记录和反思过程中感到沮丧或迷失时，探究小组还可以鼓励他们继续投入到探究过程中。

参加探究小组让分享成为可能，即小组成员可以与同事和小组外的人员分享自己的探究疑题、困惑和好奇。同时，随着探究小组的成长和发展，小组成员也将学习如何分享探究材料，如何支持他人、与他人合作，以及如何为彼此的下一步探究、记录和反思出谋划策。此外，由于教师探究者展示了初始记录文档，如照片和其他物品（它们最后可能被收录到润色后的学习故事中），因此探究小组成员可以围绕这些记录文档的价值以及下一步探究和反思提出建议。在这个"站在台前展现自己"的过程中，小组成员学习承担分享材料所带来的风险，因为这样的分享可能反映他们的教学、探究技能与认知。他们可能会感到紧张，甚至会感到一定程度的恐惧。因此，探究小组会议的引导者、会议结构、会议议程和方案可以为分享和评论提供组织结构层面的支持。

例如，通过参加拉斯美洲探究小组的会议以及反复进行富有成效的对话和换位思考，探究小组的参与者们学会信任自己的感受以及团结合作。在这个过程中，小组成员使用的语言和交流方法是关键因素之一（Escamilla & Meier, 2017）：

> 把学习故事大声读给大家听（既强调了学习故事创作者的作者身份，又让倾听故事成为一种群体性的体验）

> 使用多种语言（比如用儿童和教师的母语撰写学习故事并用多种语言进行翻译，这样其他小组成员就可以理解它）

> 确保公平，轮流分享（允许和鼓励他人发言，比如"＿＿，你能分享一下你拍的那些特别棒的照片吗？"）
> 扩展他人的想法和观察（通过评论拓展和延伸他人的想法与观察，比如"我很好奇，你是否会邀请孩子对这些照片进行反思？"）
> 行动互补（指出他人也在使用相似的探究策略，比如"这让我想到了你用便签记录孩子想法的方式"）
> 使用有助于团结的语言（肯定合作和信任的氛围，比如"我在学习和理解学习故事是什么，以及它对我们有什么意义"）

在这个探究小组中，小组成员从未公开制定或讨论过以上这些语言和交流方法，它们是随着时间的推移自然地显现出来的。因为小组内每个人使用语言的方式不同，所以每个探究小组都在用自己的方式和历程形成并发展着自己的特质。

一个激发智识的环境：分享式阅读

当小组成员投入地阅读令他们共同感兴趣的文章或书籍时，探究小组就成了一个能激发智识的地方。作为合作探究的一部分，拉斯美洲探究小组每年都会共同阅读一两本图书。年初小组成员共同选定书籍，然后每个月阅读一章或一定的页数，并在每月的探究小组会议上讨论当月的阅读内容。例如，这个小组最近在阅读《读懂儿童的思维：支持自主游戏中的图式探索》[1]，本书的两位作者也通过网络参加了探究小组会议，与教师们一起讨论她们的著作。

在过去的几年中，这个小组成功地运用了"文本显现法"（NSRF, n.d.），它是由双语培训者佩内洛普·何（Penelope Ho）推荐给大家的。

---

[1] 该书的简体中文版已由中国轻工业出版社于 2022 年引进出版。——译者注

这一方法邀请参与者把阅读文本中令他们感兴趣的一个单词、一个短语和一个句子选出来，它有助于参与者在阅读文本中找到能与该小组的记录文档和学习故事产生共鸣的小块内容。

和所有方法一样，只有灵活运用，这一方法才能充分体现它的价值。拉斯美洲探究小组对文本显现法进行了一定的调整。例如，佩内洛普身兼两职——引导者和记录者，这既节省了时间，又能让她在每次探究会议上更流畅地带领小组讨论。佩内洛普还把前三轮分享中参与者们的回应输入计算机，有时也会在大屏幕上展示这些回应，以便集体观看。

 重要观点

小组探究策略：文本显现法

- 目的：围绕一个阅读文本合作建构意义，阐明并拓展我们对它的思考。
- 分工：一名引导者，负责引导整个过程；一名记录者，负责记录大家分享的句子、短语和单词。
- 导入：花一点时间回顾阅读文本，把对你的工作来说特别重要的句子、短语和单词画出来。
- 六个步骤或六轮分享

1. 每人分享阅读文本中对自己来说特别重要的一句话，记录者把它们记录下来。
2. 每人分享阅读文本中对自己来说特别重要的一个短语，记录者把它们记录下来。
3. 每人分享阅读文本中对自己来说特别重要的一个单词，记录者把它们记录下来。
4. 小组成员们聊一聊所听到的内容，以及这些内容让他们对阅读文本有怎样的理解。

5. 小组成员们分享因受阅读文本启发而涌现出来的一些单词。
6. 小组成员们对本次文本显现体验进行总结。

本章小结

本章，我们讨论了与探究、记录和反思相关的一些重要观点与策略，它们是本书后面几章探讨学习故事的基础。定期、持续地进行小组探究和反思，是教师们在一个合作、信任的环境中聚在一起展示各自的记录文档的重要途径。探究小组推动全新层面的对话、合作和协作，以完善和深化教师的记录过程，并支持他们个人及探究小组理解与实践高质量的记录和反思。在下一章，我们将描述和讨论学习故事何以成为一种强大的记录形式和真实性评价工具。

关键点

> 越少陷入一个人的苦思冥想，你就越能感受到自己是被支持的和会反思的。

> 探究是你对待工作的一种立场或态度。它表达了一种好奇、一份热爱和一个兴趣。站在探究的立场上，你尽量不要对自己正在做或已经做过的事情持批评或消极态度。

> 作为一名专业人士和成年学习者，探究小组的每一位成员都有自己的发展轨迹，因而，参加探究小组有助于教师在个人和专业两个层面的学习和成长。

> 当教育者的身份、自我意象和角色因其独特性和因其对改善团队工作做出的贡献而得到支持和欣赏时，他们也会学习和成长。

> 探究小组实现了个人支持和群体支持的平衡，这样的双重收益通常是传统的早期教育专业发展模式或员工会议无法提供的。

第二章

学习故事：通向真实性评价和审辩式教学的路径与框架

故事拥有探索人与环境以及人与人之间公共和私人关系的力量。就这样，故事通过与我们作为个体和作为群体的根脉相连接来阐释知识。

——梅内特·K. P. 贝纳姆（Maenette K. P. Benham, 2007, p. 513）

从反思开始

> 讲述故事对你来说意味着什么？
> 你在班里是如何运用故事写作和故事讲述的？
> 儿童对不同类型的故事有何回应？
> 如果你有运用学习故事的经验，那么作为一种促进真实性评价与审辩式教学的路径和框架，它有什么好处呢？
> 如果你是运用学习故事的新手，你对什么感到好奇？你有什么疑问吗？

学习故事是新西兰教育工作者创造的一种叙事性评价和教学方法，旨在突出儿童的优长，并根据儿童及其家庭的兴趣、才能、需求和权利改进教学（Carr, 2001；Carr & Lee, 2012, 2019）。在过去的10年中，许多美国早期教育工作者探索并提出了一些用叙事性评价方法记录儿童学习的创新观点（Carter, 2017；Meier & Stremmel, 2010；White,

2017），打破了较为传统的从"不足"的角度看待儿童及其家庭，强调他们不能做什么而不是他们能做什么的方法。

学习故事是形成性评价，它为我们提供了重新想象儿童形象和教师形象的可能性，即儿童是有能力的学习者，教师是审辩式的思考者、倡导者、富有创造性的作家和真正投入工作的人。本章，我们将借用新西兰早期教育的基本思想解释学习故事的目标、要素和好处，以及学习故事如何将真实性评价与审辩式教学联系起来。

学习故事为教师们提供了一个框架，支持他们在学习环境中自然地观察儿童，并记录儿童各自的兴趣、发现和才能。教育者从基于优长的视角讲述学习故事，将儿童视为一个完整的人，而不是根据一些预设的评价指标将儿童分成不同的部分。学习故事所提供的框架能接纳多元视角以构建更为完整的学习者形象，包括：作为故事讲述者的教师的声音，作为学习过程主动参与者的儿童的声音和行动，以及作为儿童生命中最重要教师的家长发出的声音。

无论教师是在公立还是私立的早期教育机构工作，学习故事都是有助于他们观察和记录儿童的学习与成长中细微时刻的有效方式，并通过具体实例呈现儿童的疑问、困惑和发现。学习故事还允许教师作为审辩式的观察者、故事讲述者、作者及同事来记录和分享自己的学习。对于那些使用非正式的、累积性评价方式（如成长档案、逸事记录等）的教师和领导者来说，学习故事可以作为一种额外的、补充性的、基于叙事的真实性评价形式。对于那些使用强制性标准化评价的早期教育机构来说，如使用质量等级评估改进系统、课堂评估评分系统、预期发展结果概况、学习环境评量表等（关于这些标准化评价的详细描述，请见本书末尾的附录），学习故事可以协助评估办学质量、积极的社会性和情感班级氛围、班级的物理环境以及儿童的发展里程碑。

为所有儿童和家庭提供真实性评价与审辩式教学

故事通过与我们作为个体和作为群体的根脉相连接来阐释知识。

——梅内特·K. P. 贝纳姆（2007，p. 513）

故事重述了信息，提供了人生哲理和道德教益，带来了快乐，提出了质疑，也提供了文化保护和情感支持。正如贝纳姆所说，"故事通过与我们作为个体和作为群体的根脉相连接来阐释知识。"原住民通过讲述和重述故事，以确保本民族的本体论（对世界的了解和论述）智慧持续传承。故事是神圣的。原住民的叙述是诚实的，与地球、土地、动物和人类的历史保持一致。故事的这种神圣性意味着故事讲述者和听众在一定程度上是弱势的，他们必须尊重自己通过故事进入他人生活的特权，即使是很短的时间。在教室里和其他情境中，当教师通过学习故事进入儿童、其他教师和儿童家庭的私密空间时，这种体验就发生了。反过来，家长也在进入教师的思想空间。在撰写以儿童为学习主角的班级故事时，教师突出了他们个人和所在群体认为重要的东西，如尊重、合作和信任，也许更重要的是，他们为有意义的对话、交流和沟通打开了大门，以更好地了解儿童。

学习故事具有通过叙事来阐释班集体真实情况的力量，它既可以是支持班集体的手段，也可以是削弱它的工具。我们选择利用叙事的力量来讲述故事，以提升儿童、家长和教师的形象。在美国，我们很少听到儿童、家长和教师的声音；本书中的实例代表这些声音，也代表有色人种群体和从事特殊教育服务人士的声音。

学习故事之旅始于尊重故事讲述和聆听过程的神圣性。当你积极地讲述和聆听儿童、家长或所在群体的故事时，你可以更好地了解你是谁，以及如何形成合作型学习共同体。例如，3年前的那次新西兰研学之旅中，一位幼儿教师在坐下来与儿童、配班教师和研学者分享一个故事之前，唱了一首简短的仪式性歌曲，这让我（伊奥罗）亲身体验到了故事讲述的神圣性。这种吟唱是毛利传统文化的一部分，旨在欢迎访客来到他们的学校，这种仪式被称为 pōwhiri。在毛利文化中，当访客进入某个毛利部落或家庭的会堂（marae）时，毛利的女性长辈会表演一段呐喊或咏唱（karanga）来欢迎他们。之后，是一段哈卡欢迎仪式（haka pōwhiri），通过歌舞来象征性地表示访客被接纳了。通过这些仪式，一个新的社群形成了。

学习故事让我们悦纳自己

来自不同文化和民族背景的儿童常常被期待能够顺应与其家庭、家族、祖国和社区文化完全不同的环境，并在这样的环境中学习（Souto-Manning & Mitchell，2010）。这种情况在来自墨西哥、中美洲和其他地方的移民家庭中很常见。一些儿童和他们的家庭可能从未接触过美国主流文化规范，但他们却被期待适应这些规范，并达成早期教育教学和评价目标。例如，无论一个移民家庭来到美国多久，在由州政府资助的幼儿园里，4岁儿童都必须接受正式的儿歌和童谣知识测试，而测试内容是传统的美国儿歌和童谣，如《一闪一闪小星星》和《泰迪熊，泰迪熊，转个圈》[1]。在这部分测评中，测评者会背诵10首不同儿歌或童谣中的句子，然后停顿，提示儿童说出最后的押韵词。通常，移民家庭中的儿童被期待尽快成功地参与自己所不熟悉的主流文化实践，并因此被认定为已经为上学做好了准备或是有能力的学习者（Bennett et al.，2018；Ghiso，2016；Souto-Manning，2009）。

要想成功地弥合儿童正在发展的双文化、双语身份之间的鸿沟，教师需要实施文化回应式教学，通过理解与展现儿童及其家庭的兴趣、语言、文化、信仰和习俗来增强自己与他们的关系（Gay，2002；

---

[1] 美国睡前童谣，英文名为"Teddy Bear, Teddy Bear, Turn Around"。——译者注

Hammond，2014；Ladson-Billings，2014）。其中，一个关键途径就是教师要对儿童进行真实性评价和对课程进行变革，让儿童和家长的知识储备在教学中拥有一席之地。这些知识储备是儿童和家长在其家庭关系及生活中所依赖的策略、能力、习俗与观点，维护着他们自身在社会性和文化性层面的本真，保护着他们自己的文化（Souto-Manning & Mitchell，2010）。学习故事在很多方面都可以展现儿童、家长和教师带入班级和幼儿园的知识储备。因此，学习故事打破了教师和家长之间那种传统的不健康的权力关系。例如，当使用传统的观察工具时，教师以专家的身份就儿童的发展、进步和成长情况提供指导性意见，并没有给家长留出发表见解的空间。学习故事则让教师以合作者的身份提出他们的观点，家长也可以撰写或者与教师和孩子分享他们认为有价值的儿童学习经历，从而做出自己的贡献。学习故事既象征性地也实际上为家长提供了一个空间，以表达他们对自己的孩子作为持续学习者的看法。家长把自己的看法写下来，作为儿童学习故事的重要组成部分。就知识储备和学习故事而言，无论家长具有怎样的社会、语言、宗教、经济或文化背景，他们都被认为是知识资源和有能力的人。

学习故事的基本原则

学习故事究竟是什么？学习故事首先是一个故事（Carr & Lee，2012）。它讲述了一个写给孩子，旨在与家长分享的故事。在一定程度上，它也是讲给教育机构和教育者听的故事。每个故事都基于教师对玩耍中的儿童的日常观察，从"取长"的视角撰写而成。虽然学习故事的撰写没有一个通用的模板或蓝图，但它都要遵循以下4个基本原则：

1. 包含有关行动中的儿童或儿童作品的书面观察和照片
2. 包含从教师的角度对观察进行的书面分析
3. 提供一个可能拓展儿童学习的暂定计划，并等待家长对孩子的学

习经验发表见解

4. 可选项：与评价指标的具体链接

在为学习故事收集材料时，请牢记这4个基本原则。在为儿童及家长动手书写和创作学习故事时，也请牢记它们。

学习故事的基本组成部分

基于上述基本原则，学习故事究竟是什么样的，有哪些基本的组成部分呢？虽然在美国，教师们撰写学习故事的格式或结构可能有所不同，就像在新西兰和全球其他地方一样，但我们（本书作者）发现了一种既有效又灵活的格式（Drummond n.d.；Carter，2010）。

 重要观点

一个学习故事的基本组成部分

1. 故事标题：抓住故事的精髓
2. "发生了什么"或"故事是什么"：对所发生事件的详细观察
3. "这意味着什么"或"我看到什么样的学习正在发生"：反思和解读所观察事件的意义
4. "机会和可能"或"我们如何支持你的学习"：描述教师可能做些什么，以拓展儿童的学习经验
5. "家长有什么样的看法"：向家长提出一个问题，邀请家长从他们的角度回应教师所写的内容
6. 评价指标：在故事的最后，教师经常（但并不必须）将学习故事与特定的评估和评价指标相关联，如2015年版"预期发展结果概况"评定量表所列出的43条指标中的某些指标

故事标题

任何好故事都是从一个好标题开始的，好标题抓住了所讲述故事的精髓。教师常常会先确定故事标题再动手写故事，因为他们很明确地知道他们想在学习故事中突出儿童学习的哪个方面。不过，尽管如此，玛吉·卡特（2010）还是建议教师最后确定故事的标题，即教师在撰写了所观察事件，并反思和分析了它的意义之后，给故事起一个名字。无论哪种情况，故事标题都必须反映儿童是有能力的学习者，或者突显教师想在这个学习故事中强调的某个方面，揭示教师对自己学习的反思，它是教师观察儿童和对儿童的学习进行解读的结果。从这个意义上说，学习故事可以作为成人和儿童的反思工具，其中，教师和学习者的角色不是静态的，而是可以互换的。除了标题之外，学习故事还要包括故事作者的名字以及撰写日期，这一点同样重要。

"发生了什么"或"故事是什么"

在这一部分，教师会从自己感兴趣的、儿童主动做的事情入手讲述故事，描述儿童做了什么和说了什么。教师会用第一人称"我"的口吻撰写，这给故事带来了至关重要的私人视角，表明故事是直接写给孩子的，例如"米格尔，昨天我注意到你……""加比，今天我听到你说……""内森，今天早上我看到你……"。教师从一个非常关心儿童的成人视角来描述儿童做了什么、说了什么，这也表明教师正在仔细地倾听儿童，以发现究竟发生了什么和识别什么样的学习正在发生。值得注意的是，这里的描述很多时候不是完全客观的，教师往往会掺杂自己的感受。通常，教师会写上自己的名字，这样儿童和家长就可以知道是谁写的这个故事。作者的名字可以放在故事标题的下面，也可以放在故事的最后。

在撰写一个学习故事时，对事件发生的环境进行描述是很有帮助的，包括：事件发生在一天中的什么时候，具体情境是什么样的以及当时谁在和儿童互动。其他信息还包括：某个儿童或某几个儿童正在使用什么材料，他们是如何使用这些材料的，他们是否遇到了操作或知识方面的挑战，以及他们如何应对这些挑战。尽可能对事件过程进行细致的描述，同时辅以照片、短视频或一些逸事记录，这些对后期撰写学习故事会有很大的帮助。

"这意味着什么"或"我看到什么样的学习正在发生"

"这意味着什么"或"我看到什么样的学习正在发生"，这些问题激励教师去反思、解读和书写所观察事件的意义。照片、音视频或有关儿童行为和语言的文字记录，可以作为体现儿童的机智、技能、心智倾向和才能的证据。关于事件的意义，教师最好在与其他教师的对话中进行建构，因为这样的对话包含了多元视角或多元的教学观点，有助于呈现一个更客观的画面，也让意义建构变得更丰满、更细致。当被问及学习故事的主观性时，玛格丽特·卡尔和温迪·李（2012，2019）通常会说，当学习故事中包含多种声音或观点时，更有可能实现客观性。

"机会和可能"或"我们如何支持你的学习"

"机会和可能"部分回答了"我们如何支持你的学习"这个问题。它为教师提供了一个空间，让他们可以描述自己在第二天或接下来几天想尝试做的事情，以支架和拓展儿童的学习，并展望近期和远期可能会发生什么。在这里，教师可以提出一些可能开展的活动，与儿童一起计划下一步可以做什么，以共同创建一个与儿童的真正兴趣相关的有意义的课程。这也让参与者和幼儿园里的相关人士深入地了解到，教师作为教育实践者是如何积极地思考，从而在尊重儿童的主体能动性的同时，为他们计划有意义的个性化活动的。这些活动可能包括：围绕特定的主题收集图书，在网上查找信息，计划一次实地参观活动，收集具体的材料，等等。

"家长有什么样的看法"

理想的情况是,在这部分向家长提出一个问题,邀请家长把他们的观点写下来作为对教师所写内容的回应。不过,如果家长愿意,教师也可以与家长进行一对一交谈,或者给家长发电子邮件或短信。这一部分在某种程度上是在公开地邀请家长谈一谈他们如何看待孩子是有能力的学习者。很多时候,家长会回应教师的这一邀请。有时,当教师要求家长直接回复孩子的时候,家长会给孩子写下一些私密和充满深情的话语,正如我们将在本书中的不同实例里看到的那样。家长通过向教师提出一个问题来作为回复的情况也并不少见,这既丰富了对话内容,又加强了家庭和幼儿园之间的沟通。有时,家长甚至会就班级里的活动和材料给出一些建议,以支持自家孩子的学习,或者提升班级里所有孩子和教师的学习体验。

作为评价工具的学习故事

最后,教师通常会将学习故事与所在幼儿园、学区或州县要求的具体评价量表结合起来。比如,与2015年版的预期发展结果概况(参见本书最后部分的附录)进行链接,看看在所讲述的学习故事中,儿童达成了43条指标中的哪几条,然后把它们罗列出来。有的幼儿园可能选择聚焦于捕捉学习故事中有助于儿童学习的心智倾向,而不是评价指标本身,如儿童的决心、意志、勇气、坚持、好奇、共情、友善、同理心等。不同的幼儿园和不同的社区所重视与强调的儿童心智倾向各不相同。在一定程度上,儿童学习的心智倾向反映了教师、幼儿园和社区的价值观。

虽然这一学习故事的基本格式貌似有很强的结构性,但它主要是引导教师寻找有助于他们从"取长"的视角观察、评价和拓展儿童学习的方式。这个基本格式可以帮助教师将稍纵即逝的想法组织成条理清晰的故事,以理解一个孤立的或持续的经验或事件。灵活运用这一格式和对这个故事结构进行调整是很重要的，这样你就可以尽可能地回应与学习故事相关的教师、儿童及家长的需求和才能。例如，有时儿童想在学习故事的最后对家长的回应做出反应，有时教师建议儿童和家长一起书写他们对学习故事的回应。我们将在本书的其他章节讨论灵活运用和调整这个格式的可能性，例如，第六章阐述了可以采取哪些策略来激发家长做出回应以及帮助他们与学习故事建立连接。学习故事的基本格式还对多种语言、视觉材料和审美观持开放的态度，而这些反映了撰写学习故事的教育者的才能和目标。从这个意义上说，每个学习故事都是一件艺术品，一份教育者送给儿童及其家长的礼物，同时它也是一份让教育者的关爱、奉献和才能变得可见的证明与文件。

　　例如，在下面这个学习故事中（见图 2.1），我（伊奥罗）使用了上文所讨论的学习故事的基本格式，但是我在撰写这个学习故事时，对于内容、格式、语言、视觉材料、审美、表达、读者和分享都有自己特定的目标。这些都是我在创作这个学习故事时精心编排的叙事元素，以记录安娜如何以及为什么努力地学写她的名字。这个故事的原稿是用西班牙语写的，我把它翻译成了英文。我希望公开展示安娜如何将她对自己名字的了解融入她的社会、文化和语言身份认知中，以及她正在成为一个什么样的学习者。促使这个故事发生的原动力来自安娜的家人，他们在家里向安娜讲述了她的名字是什么意思，之后安娜在幼儿园里与教师进行了分享。

名字里有什么

作者：伊奥罗·M. 埃斯卡米拉　　时间：2020 年 2 月 10 日

　　安娜，上星期你问我是否知道你已经会写自己的名字了。是的，我知道，我已经见你写过好几次自己的名字了。然后，你又问我："你知

图 2.1　学习故事《名字里有什么》

道我的名字是什么意思吗？"说实话，我不知道。你微笑着跟我分享了你对自己名字的理解。

安娜："我名字的意思是和平（peace）。"

教师："你是怎么知道的？"

安娜："是我妈妈告诉我的，但我不记得她是什么时候告诉我的。"

教师："在你看来，'和平'这个词是什么意思？"

安娜："和平的意思就是要善良，和别人做朋友，和每个人玩，爱全家人和你所有的小伙伴，还要对每个人都好。你知道，我的名字里有两个 n 吗？A，n，n，a（Anna，安娜）。我喜欢我的名字，因为它的意思是和平。我妈妈的名字是亚历桑德拉（Alejandra），我回家后要问问她，她的名字是什么意思。我名字的发音听起来是这样的：a，a，a。我知道有个人的名字叫阿娜（Ana），它里面只有一个 n。是的，她的名字是阿娜·玛丽亚，她是艾莉森的妈妈。我妈妈和阿娜·玛丽亚是姐妹——有共同信仰的姐妹。阿娜·玛丽亚不是我的阿姨。我只有一个叔叔，他叫胡安。"

这意味着什么

这可能意味着你敏锐地意识到你是谁，以及你正在成为什么样的人。

图 2.1（续）

安娜，只有4岁的你就能把和平这个词定义为一个指向具体行为的动词，这太令人激动了。你把和平与善良、玩耍、爱联系在一起。这三个词把小朋友应该在一个什么样的世界里成长描述了出来。作为教师，我们有责任创设和平的幼儿园环境，让你和你的小伙伴在这样的环境里学习与人为善、幽默会玩以及尊重他人和爱他人。而且，我们有很多东西要向你学习。

我们如何支持你的学习

安娜，为了支持你用口头语言之外的方式表达想法，我邀请你把自己的名字和家人的名字写下来。你写了你妈妈的名字——亚历杭德拉；你妈妈姐妹的名字——阿娜·玛丽亚；你爸爸的名字——弗朗西斯科；你叔叔的名字——胡安。现在，我要谢谢你让我知道了你全家人的名字。有人说我们有自己的核心家庭和大家庭，事实上，他们都是我们的家人。我很高兴你妈妈与艾莉森的妈妈成为姐妹。安娜，你不仅写了你家人的名字，还把他们都画了下来，并且标上了每个人的名字。谢谢你与我分享你的故事、你的画和你的书写作品！我可以与你分享一些事情吗？我也有一个兄弟和一个姐妹，他们的名字是安东尼奥和玛莎。我妈妈和爸爸的名字是内蒂和罗德里戈，我很爱他们！

安娜的妈妈亚历杭德拉的话

我很喜欢"安娜"这个名字，因为它的意思是"女性的和平"。安娜还有一个中间名字——露丝，它的意思是"好伙伴"。这些名字都代表美好的品质。祝福你。谢谢。

图 2.1（续）

《名字里有什么》让我们看到了一个学习故事需要遵循的4个基本

原则。首先，过去4年来在探究小组的支持下创作学习故事的经历让我了解到，丰富且生动的书面观察记录和视觉材料对于撰写一个引人入胜且有意义的学习故事至关重要。它们吸引我们走进故事。我试图像创作一本精彩的幼儿图画书那样，让文字和视觉材料既能发挥各自的作用，又能相辅相成、互相补充。

例如，在这个学习故事中，我想方设法让安娜尽可能多地发出自己的声音，让她的形象更突出；我描述她的行为，凸显她使用的西班牙语、她的思考、她的观点、她如何解释自己名字的由来以及她与家庭的深度联系。在视觉材料方面，我像以往那样拍了一些照片，然后从中选择几张，以展现安娜的书写和画作、她向白板靠近以及她与所创作符号之间的关系。我还希望这些视觉材料能够驳斥人们对正在学习英语的有色人种儿童的普遍描述，即他们不具备必需的意志或知识来习得传统的、学校本位的读写技能。我所选择的视觉材料，将安娜描绘成一个强大而坚定的书写者、艺术家、符号创作者和符号解释者。

其次，我围绕"这个学习故事如何捕捉安娜的语言，并将其与安娜的自我身份认知以及幼儿园和家庭中的各种社会关系联系起来"进行了分析和反思。我是在收集了与这个学习故事相关的素材并把它写下来后，才意识到这一时刻对安娜和其他孩子的重要性。这让我更清楚地看到安娜是如何利用这一时刻进行学习的。她将自己的名字与自我身份认知联系起来，其实就是将她关于家人和读写的知识储备与维果斯基（Vygotsky，1978）的最近发展区联系起来。最近发展区是指一系列发展和教学空间，儿童可以在其中做试验、解决问题、独自学习以及与他人一起学习。这就是为什么我写道："这可能意味着你敏锐地意识到你是谁，以及你正在成为什么样的人。"我意识到，安娜通过一系列与个人发展和所处文化相关的时刻，向她、她的家人和我展现了她与自己名字之间的深度联结是如何将她与更广阔的社会、文化和文学世界联系在一起的。

　　再次，为了促进安娜的学习，我思考了几个重要的后续步骤。在这之前，我没有意识到安娜对个性化读写活动的浓厚兴趣，而学习故事的创作促使我思考接下来有助于安娜继续学习和成长的活动。在这个学习故事中，我描述了我是如何调整自己的思维和教学的——"安娜，为了支持你用口头语言之外的方式表达想法，我邀请你把自己的名字和家人的名字写下来。"后来，在进一步反思后，我认识到对安娜来说，写写画画家人的名字是多么重要！我也意识到，当时我没有对此做出回应，也没有充分参与到安娜的学习中。其实，我可以与安娜分享我兄弟姐妹的名字："我可以与你分享一些事情吗？我也有一个兄弟和一个姐妹，他们的名字是安东尼奥和玛莎。我妈妈和爸爸的名字是内蒂和罗德里戈，我很爱他们！"虽然学习故事让我意识到自己没有与安娜的兴趣建立足够深入的社会和文化联系，但是我现在知道，我还可以采取其他方法深化安娜的学习。例如，我可以邀请安娜教其他孩子写他们的名字。首先，我可以给安娜提供班上孩子的名单，这样她就可以与同样有兴趣写名字的小朋友一起书写名字，之后画画她们的家人和朋友。我还可以鼓励孩子们口述他们的想法和故事，然后用西班牙语记录下来，再把它们汇编成一本书，这样他们就可以与其他孩子分享、讨论了。当我在一次探究小组会议上介绍这个学习故事时，这些后续的教学步骤也引发了同事们的更多思考和评论。

关于这个学习故事的更多见解

　　除了丰富的文化意蕴，这个学习故事还包含有关语言和读写能力发展的要素，这一点可以从安娜能够理解、回应和交流复杂的想法等方面得到佐证，例如，她解释了她与自己的核心家庭、大家庭及所在社区的关系。安娜也表明了她对读写活动的兴趣，她很乐意书写她

> 自己、父母、叔叔和阿姨的名字。安娜似乎很熟悉文字的概念，知道写名字时要从左到右排列字母。安娜还让我们了解到她知道怎么写字母，也知道只有把字母拼成一个与她的强烈情感相联系的单词（如她家人的名字）才有意义。当安娜读出她所写的那些名字时，她展现了她所具备的字母和单词知识。她的书写和绘画作品也佐证了她的前书写技能，这一技能将随着练习而得到提高。在这个活动中，绘画、书写和故事讲述共同帮助安娜奠定了良好的读写基础，对安娜明年秋天上学前班非常有用。

最后，我思考了这个学习故事与评价指标之间的联系。这个学习故事揭示了安娜在社会性和情感以及读写领域的成长，呼应了预期发展结果概况中的一些评价指标，如表2.1所示。

表 2.1　预期发展结果概况中的社会性和情感以及语言和读写发展指标

社会性和情感发展（SED）	语言和读写发展（LLD）
1. 在与他人的关系中认识自己是谁	1. 理解他人的语言（接受性语言）
2. 社会性和情感理解能力	2. 回应他人的语言
3. 与熟悉的成人建立联系，进行互动	3. 沟通和使用语言（表达性语言）
4. 与同伴建立联系，进行互动	4. 相互沟通和交谈
5. 象征性游戏和社会角色扮演游戏	5. 对读写感兴趣
	6. 理解适合自己年龄的文本
	7. 了解与文字相关的概念
	8. 语音意识
	9. 字母和单词知识
	10. 前书写

在这个学习故事中，安娜对最亲近的家庭成员（妈妈、爸爸和叔叔）和大家庭的成员（阿娜·玛丽亚和她的女儿艾莉森）表现出强烈的认同感。安娜似乎很清楚地知道，尽管阿娜·玛丽亚和艾莉森与自己没

有血缘关系，但她们之间存在着浓浓的情感联系。事实上，安娜告诉我们，她的妈妈和阿娜·玛丽亚是因信仰提供的精神纽带而走到一起的姐妹。在与安娜妈妈的交谈中，我们了解到，安娜的妈妈很重视和艾莉森的妈妈阿娜·玛丽亚之间亲密的姐妹关系，而她自己的亲妹妹远在家乡危地马拉。这种通过信仰而形成的支持性人际关系网络，是许多移民家庭的依靠，可以给他们带来鼓励、关怀、陪伴和群体的归属感。这个例子再次表明，家庭是如何利用知识储备在群体中进行资源共享并给彼此提供支持的。

总而言之，学习故事的4个基本原则展现了真实性评价与审辩式教学之间细微但重要的联系。就像我在这个学习故事里所呈现的那样，我突出了安娜在文化、语言和个性方面的才能与兴趣。这个故事是一个公开的记录文档，它肩负着评价的"重担"和价值；它也是对安娜的学习所做的记录，可以在不同的场合（学校、家庭和社区）被不同的人（儿童、家长、教师和管理者）浏览。

本章小结

本章阐释了教师可以利用学习故事把真实性评价与审辩式教学联系在一起。在私立的早期教育机构中，学习故事可以为它们既有的叙事性评价方式（如逸事记录、成长档案）提供补充。在必须使用多种强制性评价系统（如DRDP）的公立早期教育机构中，学习故事作为一种强大的叙事形式，能够帮助教师对儿童的经验、见解、发展方面的飞跃、文化认同、疑问和理论进行记录和反思。本章描述了学习故事所遵循的4大基本原则和它的6个基本组成部分，并通过案例《名字里有什么》展现了这些基本原则和组成部分是如何整合成一个学习故事的。本章还强调了创作学习故事时的创造力、灵活性以及个人的才能和声音。当教师用洪亮而真实的声音讲述学习故事，并辅以丰富且生动的观察记录和视觉材料时，学习故事就能有力地融真实性评价和审辩式教学为一体。在下一章，我们将专门讨论教育者如何识别和收集潜在的素材来创作学习故事。

关键点

> 教育者从基于优长的视角讲述学习故事，将儿童视为一个完整的人，而不是根据一些预设的评价指标将儿童分成不同的部分。
> 学习故事既象征性地也实际上为家长提供了一个空间，以表达他们对自己的孩子作为持续学习者的看法。
> 作为一种评价方式，任何学习故事都需要遵循4个基本原则：① 有关行动中的儿童或儿童作品的书面观察和照片；② 从教师的角度对观察进行的书面分析；③ 提供一个可能拓展儿童学习的暂定计划，并等待家长对孩子的学习经验发表见解；④ 与评价指标的具体链接。

第三章

识别和创作学习故事

我们邀请你把故事、叙述、书籍和孩子们的话语视作一个可以探查自身教育实践、发现隐含意义以及探索所在班级可能性的镜头。

——达纳·弗朗兹·本特利和玛丽安娜·索托－曼宁（Dana Franz Bentley & Mariana Souto-Manning，2019，p. 44）

从反思开始

> 学习故事如何展现儿童在一段时间内的持续学习，并让学习建立在儿童的兴趣、优长、能力和胜任力的基础上？
> 学习故事如何帮助教师在与儿童的互动中识别学习和教学时刻，并形成课程？
> 对同样是学习者的教师而言，分析学习故事为什么如此重要？

站在探究的立场上，教师会琢磨自己的教育实践，包括：儿童的学习以及推动儿童学习的课程和互动。通过讲述与这些实践有关的事情，教师能够识别出学习故事（例如有关课程、社会互动或儿童玩耍的故事），与儿童和家长分享儿童日常生活中的重要时刻，从而展现儿童某一方面的学习与发展。本章，我们将通过具体的实例向大家展示，教师如何从教育实践中识别出这些重要的时刻，然后运用学习故事来探究自己的教育实践。这些实例来自美国加利福尼亚州旧金山市的一所公立双语幼儿园，这所幼儿园的教师从2017年开始就通过撰写学习故事来记录儿童的学习。从2010年起,这些教师每月召开一次探究小组会议。

一所双语幼儿园的探究小组

幼儿园的背景介绍

我们(本书作者伊奥罗·M.埃斯卡米拉和丹尼尔·迈耶)的幼儿园是旧金山联合学区早期教育部的一部分。幼儿园的一个重要目标是支持儿童的母语,通过让儿童沉浸在西班牙语-英语或粤语-英语的双语环境中,把儿童家庭的传统、信仰和价值观纳入课程。除了英语以外,西班牙语和粤语是幼儿园附近街区里最常用的语言。我们的幼儿园极具包容性,即便儿童不说西班牙语或粤语,我们也会接收他们。当这些儿童从幼儿园毕业后,家长可以让他们就读于旧金山联合学区中可进行西班牙语-英语或粤语-英语教学(如沉浸式双语课程、双语读写课程、小学外语课程等)的学校。家长也可以选择让他们的孩子在公立或私立学校的纯英语班级就读。

在这样一所由政府资助、为2岁9个月至5岁半的儿童提供服务的公立幼儿园里,我们需要对班上儿童的学习进行持续的观察、记录和评价,还需要聚在一起讨论对我们来说真正重要的问题。为了满足这一要求,我们开始每月召开一次教师会议,共同反思我们的观察和记录策略。这种每月一次围绕有关儿童、教师和班级的具体教学实践进行探讨的聚会,后来变成了探究小组会议。接下来,我们将介绍我们探究小组的探究之旅是如何开始的。

教师探究和学习故事

大约10年前,在我(伊奥罗)工作的幼儿园,教师们提出每月需要有一个下午的时间(4小时)不带班,用以讨论与我们的教学现状相关的话题,也就是与教和学的过程及实践密切相关的话题。此前,我们所在的学区拨款让每位教师每周有 1 小时的备课时间。我们提出，用请代课教师的方式代替拨款，即给我们每人找一位能代 4 小时课的教师，这样我们就可以聚在一起讨论了。

最初的两任幼儿园管理者并不赞同这个提议，可能是因为这个提议来自教师，而不是上级管理部门。其中，一位前任管理者甚至提出了相反的建议：由她来制定会议议程并主持会议，就像传统的教师会议那样。我们（教师们）表示，我们所设想的会议不是用来谈论或完成文书工作的，而是反思和讨论课程理念、对儿童的学习所做的记录以及工作中的挑战和成就。我们希望寻求一种能支持彼此的方式，以促进专业成长，因为我们觉得学区给我们提供的园外培训过于泛化、重复，也没有吸纳教师的声音。两年后，第三任幼儿园管理者霍兰兹先生来了，他同意我们的提议，并参加了我们最初的每月"探究小组会议"——当时我们给会议起的名字。霍兰兹先生一直支持着这个小组，他发现，"我们的小组为教师的主动探究、深入观察以及解读和交谈提供了一个非常特别的学术论坛，这会改善教师和儿童的教与学的体验"（Perry，Henderson，& Meier，2012，p. 178）。

随着时间的推移，我们幼儿园的探究小组队伍扩大了，除了最初的六位成员，现在，两位教第二语言的教师和两位特殊教育的教师（他们的视角影响了我们对语言和行动能力有限儿童的观察与记录）也加入进来，有时幼儿园的现任管理者也会参加。此外，一位大学教授一直自愿地支持着我们，作为我们小组的园外教学导师，与我们一起组织探究小组会议、制订计划，让每月的会议能够基于教师的兴趣而召开。

在探究小组会议上，我们特别重视每位教师的参与，因为我们相信，任何一位同事的记录文档都会为我们提供探讨教与学中具体疑题的机会，或者让我们有机会从某个儿童的学习旅程中获得新的启示。教师们了解到，有关儿童学习的记录文档或证据可能有多种表现形式，例如：

- 逸事记录
- 教师日志
- 行动中的儿童的照片（通常用智能手机拍摄）
- 教师为了拓展儿童的学习而制订的计划，包括实地参观、材料和活动
- 有关儿童与他人、材料、环境和物品互动的短视频
- 儿童的搭建、艺术、涂鸦和书写作品
- 对儿童的交谈、对话、口述和反思所做的文字记录
- 通过叙事和照片讲述班级故事的小册子

所有这些记录形式都展现了教师与儿童的工作、声音，树立了教师作为探究者和学习者的形象，同时让大家看到，教师们在一个彼此尊重的共同体内相互交流以改进教学实践。秉持探究的立场，一些教师在每月的探究小组会议上探究以下问题：早期教育工作者如何支持并展现儿童正在形成的社会、文化和语言身份？在这个过程中，教师如何将故事、叙事和照片嵌入对儿童成长的记录中，并增强家长对儿童幼儿园生活的参与性？

本章将进一步围绕学习故事的运用进行讨论。学习故事是一套以叙事为基础的形成性评价手段，强调儿童的优长、天赋、能力、希望和好奇。学习故事助力教师和儿童共同建构有意义的课程，这样的课程来自意料之外的事件和事先计划的活动，并基于儿童、教师和家长的兴趣、专长、知识及灵感。学习故事之旅始于观察、倾听、反思、撰写和分享的过程。所有这些（即观察、分析和撰写的内容）都会在一个学习故事中呈现。在撰写完学习故事后，教师会先与同一班级的教师分享，然后在探究小组会议上与同一园所的其他教师分享。会上，探究小组的伙伴们会围绕撰写过程、故事创作以及家长的回应给出富有建设性的反馈和有助于厘清思路的疑问，也会分享自己对儿童成长的见解，并就如何拓

展儿童的探索和学习提出自己的想法。当教师分享自己所创作的学习故事，并知道如何讲述、对谁讲述、为什么讲述学习故事时，他们不仅认识了作为教师个体的自己，还认识了作为教与学共同体中一分子的自己；他们更了解了儿童在游戏中的互动，也更深入地理解了作为和儿童一起建构意义的教育者的自己以及自己的教育实践。

识别和撰写学习故事

学习故事是对儿童的幼儿园生活所做的持续记录，在一定程度上，这些故事还能揭示教育者的价值观、信念和专业立场，因为它们是教师基于对玩耍中的儿童的日常观察撰写而成的。正如前几章所述，学习故事是教师从"取长"的视角，用图文并茂的形式，讲述的关于儿童成长的故事。尽管学习故事可以写给一组儿童（见第四章），但本章以及本书想要强调的是写给一个儿童的故事，以突显其个人喜好、兴趣、天赋、技能，甚至希望和梦想。在第二章，我们描述了一个学习故事的基本组成部分，而前三部分对撰写学习故事来说最为重要：

> 附带照片的观察记录
> 对观察到的内容进行分析
> 拓展儿童学习的计划

这些内容不必冗长。一小段文字就可以有效地呈现观察和分析，而拓展儿童学习的计划可以简短到只列出几个设想。随着时间的推移和更多的练习，教师还可以添加另外两个部分：

> 家长对儿童的学习经验的看法
> 与具体评价指标的链接

教师可以根据我们所建议的格式独立创作和撰写学习故事，但我们发现，有时候，当同班教师共同致力于这个过程时，它带来的挑战性会降低，成为一项更有乐趣的任务。每个人都有故事要讲，教师们通过分享照片、视频、儿童的话语、疑问、发现以及儿童在幼儿园里取得的成就给彼此提供支持。最初，这种交流是教师向同伴解释他们看到、听到、拍摄到或通过视频捕捉到的内容。之后，这种交流将教师引向探究，促使他们提出具体的疑问，比如：早期教育工作者如何支持并展现儿童正在形成的社会、文化和语言身份？在这个过程中，教师如何将故事、叙事和照片嵌入对儿童成长的记录中，并增强家长对儿童幼儿园生活的参与性？

在探究小组会议上，有时候，我们（伊奥罗和丹尼尔）中的一人会使用一台平板电脑或手提电脑记录其他教师随意描述的事情。此时，我们会问一些问题，以帮助教师回忆具体的细节，例如：

> 确切地说，这件事发生在哪里？
> 谁参与了？
> 这个孩子有哪些具体的行为举止？
> 在这个过程中，有没有需要解决的问题？
> 如果有，是怎么解决的？
> 最让你感到惊讶的是什么？
> 这件事如何提升了你对作为主动学习者的孩子的认识？
> 关于孩子和你自己，你有什么新发现吗？

有时候，我们会两两结对，其中一位教师负责记录，另一位教师则详细地描述和回忆具体的信息与细节，回看照片、视频片段或逸事记录，试图再现发生的事件。我们认为，照片和视频是学习故事必要的组成部分，事实上也是创作学习故事时不可或缺的部分。这些简短的视频，有时只有15~30秒，通常记录了：行动中的儿童，儿童与其他孩子的互动，儿童的搭建、建构、探索活动，以及儿童每天在幼儿园里都会自然而然做的事情。我们用手机或平板电脑拍摄的照片本身就在讲述着故事，描绘了孩子们在教室里、校园内或去幼儿园附近参观时选择做的事情。有时，我们会把镜头聚焦在某个儿童身上，为他拍很多照片，试图在一系列图像中捕捉某些时刻，以呈现一张画是如何画出来的、一个问题是如何得到解决的、外出参观时这个儿童有多开心，或者这个儿童是如何实现一个新目标或克服一个障碍的。

学习故事中的描述性叙事，给我们提供了另外一种方式来组织我们个人和团队的观察记录。在分享这些观察、照片、视频和儿童作品（如图画、手工作品等）的过程中，儿童的发现、探究和自然而然做的事情都让我们感到高兴。对观察的含义进行详尽的阐释是很重要的。大部分时候，它意味着我们要做好去看儿童正在做什么事情的准备。可以预先制订观察计划，但是有助于学习故事创作的往往是意料之外的事件，它们有可能发生在幼儿园一日生活中的任何时刻。美妙的事情常常发生在一天中的任何时刻，因为儿童在与同伴、材料及环境的互动中总是会有新的发现或建立新的连接。这就在告诉教师，要随时准备好记录那些突然吸引他们注意力的事情。本章收录的两个学习故事都始于自发的短暂事件：卢娜试图在操场上及其他孩子的围观下，通过唱歌逗笑吉妮西丝；弗朗西斯科把他最喜欢的一个毛绒玩具带到了幼儿园，以及他表达了想要一个"皮纳塔"[1]的愿望。

通过看似随机的全天记录，教师留住了孩子们幼儿园生活中的特殊时刻，这些时刻被定格在照片、视频和逸事记录中，呈现了儿童的言行或他们日常游戏活动中的行为、反应或举止。照片、视频和教师日志记录了教室里稍纵即逝的时刻，如果不把它们记录下来，这些时刻就可能被遗忘。当教师开始整合素材撰写学习故事时，这些杂乱无章的记录文

---

[1] Piñata，一种游戏道具，用陶罐或气球做成，里面装有糖果和礼物，外面用各色纸包裹，可以做成各种造型，玩游戏时，人们将立在地上或挂在空中的皮纳塔砸破，抢里面的糖果和礼物。——译者注

档就会呈现出它们之间的关联性。

故事使儿童、教师和家长的生活经验人性化

面向幼儿园儿童的教育活动，应该建立在对室内外游戏中的儿童的日常观察以及教师的反思基础上，在可能的情况下，还应该建立在家长对孩子学习的看法上。在美国，大多数3—4岁儿童平均会上两年幼儿园。在这段时间，教师会尽可能地了解家长，例如了解他们会说哪些语言、他们在哪里和如何学习这些语言，以及他们对单一语言制和双语制的看法。除此之外，教师还会了解家长的家庭传统和庆典。有时候，家长可能需要与教师相处一段时间后，才能轻松自在地与教师分享自己的观点、意见、梦想和希望。教师之所以问这些问题，是因为他们认为家长的专长、知识和智慧很重要。教师的知识库还包含儿童所在家庭的文化、语言资本或知识储备（Moll，Soto-Santiago，& Schwartz，2013）。与此同时，学习故事让教师得以与家长分享一些信息，包括：自己的个性和专业背景，自己的教学理念，以及自己如何看待儿童是主动的、有社交能力和有创造力的学习者。

由此而论，当儿童开启受教育之旅后，早期教育工作者在支持他们保留自己家庭的价值观、母语和文化遗产方面扮演着重要角色。或许，要想成功地弥合这些儿童在语言和文化身份上的认知鸿沟，教师和学校系统需要进行文化回应式教学（Hammond，2014；Ladson-Billings，2014）。文化回应式教学接纳并尊重儿童及其家庭的知识储备和文化资本——价值观、信念、希望和梦想。在早期教育机构中使用学习故事，能将班级故事置于整个幼儿园的社会环境中，以激励大家共同实施更公平与融合的教育。文化回应式教学的一个基本宗旨是对公平发声的不懈追求，包括让儿童、家长和教师都能发出自己的声音，远离照本宣科式的课程和学习，迈向园本课程，将儿童和家长的观点、经验及知识嵌入

课程，并给予它们应有的重视。

> **重要观点**
>
> **创作学习故事的步骤**
>
> 1. 拍照片
> 2. 拍视频
> 3. 记录儿童自发的社会互动和友情
> 4. 教师探究者与儿童互动，观察并记录
> 5. 教师回顾事件，反思事件可能具有的意义
> 6. 教师选择能直观地讲述故事的照片
> 7. 教师动笔撰写，创作学习故事
> 8. 教师与探究小组的同伴分享自己所写的学习故事，期望获得反馈
> 9. 教师整合得到的反馈，修改故事
> 10. 教师与儿童、家长分享学习故事

我们所建议的创作和撰写学习故事时可以采用的结构，有助于教师将一些稍纵即逝的想法组织成条理清晰的故事，以理解特定儿童的经验或教师在教室里观察到的事情。更为重要的是，学习故事的撰写鼓励早期教育工作者去展现儿童在熟悉的环境中、在幼儿园的一日生活中的任一时刻都是有能力的探究者和语言学习者。当教师把学习故事直接写给作为故事主角的那个孩子时，写故事的目的既不是验证某个假设，也不是评价儿童，尽管学习故事可以与具体的评价指标进行链接，用以识别儿童的发展里程碑。

从根本上说，任何一个学习故事的撰写都源自教师对理解儿童的经验，以及对与家长、儿童一起建构这些经验的意义所萌发的兴趣。通过学习故事，教师投入教学和智力工作中，将早期教育行业人性化，并趋向更具包容性地观察、分析和理解儿童的复杂行动与行为之模式。与此

同时，儿童积极地了解他们身处的世界，并在这个过程中开始形成或继续形成社会、文化和语言身份。

学习故事捕捉儿童的生活经验

接下来的两个学习故事《卢娜和吉妮西丝：逗笑吉妮西丝》与《弗朗西斯科、尼莫和他的皮纳塔》分别由教师撒哈拉·冈萨雷斯和伊奥罗·M.埃斯卡米拉撰写。在这两个故事中，你会注意到教师带着目的倾听，观察儿童如何玩耍、互动和学习。透过探究的镜头倾听和观察，有助于教师聚焦于儿童的言行，并做简短的文字记录、拍一些照片或录制一段视频。

卢娜的学习故事：卢娜与吉妮西丝之间的友情

《卢娜和吉妮西丝：逗笑吉妮西丝》这个学习故事有两页半篇幅，它记录了卢娜和吉妮西丝之间的互动，展现了她们之间强烈的情感联结。卢娜和吉妮西丝均4岁，很明显，她们所在的班级不同，身体活动能力以及言语和语言能力也相距甚远。但是，撒哈拉注意到，她们俩基于相互理解和彼此喜爱而建立的友谊把她们紧紧地联系在一起。吉妮西丝坐在轮椅上，用安全带支撑着身体。此外，她还存在语言和视力方面的障碍。然而，无论卢娜什么时候靠近她，吉妮西丝都会注意到并做出回应：她的眼睛似乎亮了起来，笑容更多了，她还会张开手臂，好像在设法触摸卢娜。多位教师都注意到了吉妮西丝对卢娜的积极反应。他们还注意到，面对更善于表达和性格直率的吉妮西丝，卢娜也放下了矜持的举止。撒哈拉用手机拍照片和视频，记录这两个小女孩之间的互动。她先拍了三四张照片，然后拍了一段视频，视频中卢娜一边试图让吉妮西丝与她一起数数、唱歌和拍手，一边按照自己的节奏跳来跳去（见图3.1）。

卢娜和吉妮西丝：逗笑吉妮西丝

作者：撒哈拉·冈萨雷斯　　时间：2017 年 11 月 18 日

卢娜，当我们今天早上去露台时，你和往常一样向吉妮西丝走去。不过，今天她没有坐在她一直使用的那个特殊的椅子上。今天，她坐在了一把柔软的椅子上，把双脚放在了地上。教师克里斯蒂娜说，吉妮西丝不是很开心，因为这把柔软的椅子对吉妮西丝来说是一个新的东西，这影响了她的情绪。

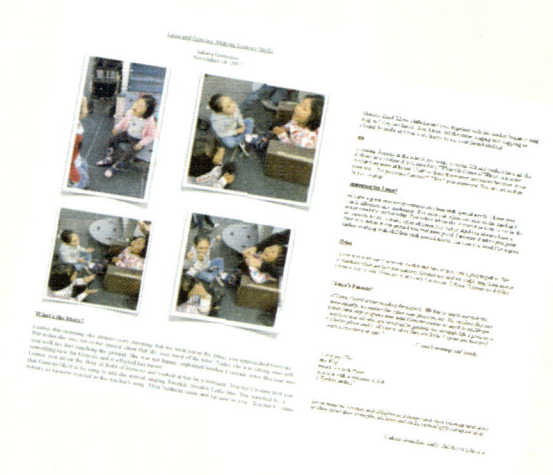

卢娜，你面对着吉妮西丝坐在地上，看了她一会儿。克里斯蒂娜告诉你，吉妮西丝喜欢听人唱歌，然后，克里斯蒂娜唱起了《一闪一闪小星星》。你看到吉妮西丝对老师的歌声做出了回应。这时，娜塔莉娅走了过来，坐在你的身边。克里斯蒂娜告诉你们，吉妮西丝喜欢听哪些歌。然后，你们俩跟老师一起唱了起来。吉妮西丝也试着一起唱歌和拍手。卢娜，你也像吉妮西丝那样唱歌和拍手。吉妮西丝笑了，看到你的好朋友笑了，你也很开心。

"吉妮西丝在哪里？"——卢娜

卢娜，你有好几天没在幼儿园里看到吉妮西丝了。你来到 101 教室，

图 3.1　原版学习故事《卢娜和吉妮西丝：逗笑吉妮西丝》

从窗外往里看。教室里关着灯,你很好奇地问:"吉妮西丝在哪里?克里斯蒂娜呢?"我向你解释说她们在家里,因为现在是假期,她们不用来幼儿园。我问你:"你想吉妮西丝了?""是的。"你回答道。你笑了,然后我们一起去操场上玩。

我看到什么样的学习正在发生

卢娜,我注意到,你对有特殊需要的小伙伴非常敏感。我看到你非常喜欢吉妮西丝,并且十分温柔地对待她。我曾看见你在沙坑做蛋糕送给吉妮西丝,假装在帮她过生日。当她没有来幼儿园,也没有出现在操场上时,你会注意到。你努力让其他孩子心情变好,在这方面你有强大的能力。你很爱笑,你的笑容照亮了你的脸庞,也让你身边的人感到愉快。我好奇的是,你长大以后,会想要成为特殊教育的老师,跟有特殊需要的孩子一起工作吗?我相信你会是一位很棒的老师!

机会和可能

我们可以邀请吉妮西丝来我们班参观,这样你们俩就可以一起玩了。我们可以向吉妮西丝的老师了解她最喜欢的儿歌是什么,然后我们在教室里一起唱这首儿歌。或许,你也可以到吉妮西丝的班里去看她。我想,吉妮西丝应该会喜欢这样的安排!

卢娜的家长有什么样的看法

"我们为卢娜感到非常自豪。读这个故事的时候,我流泪了。我们想让我们的孩子知道公平对待每个人的重要性,不论他们的肤色、身材、地位以及其他方面如何。因此,读到这个故事,真的看到卢娜花时间和吉妮西丝在一起,对我们来说意义重大。我们很感谢家人、她的老师以及她生活中的所有引路人。这个故事让我们看到,世界可以变得更好,

图 3.1(续)

而这一切是从孩子们开始的。我百分之百同意有朝一日卢娜会成为一位很棒的老师。"

卢娜的妈妈和爸爸

DRDP 评价指标

1. 沟通和使用语言
2. 象征性游戏和社会角色扮演游戏
3. 与同伴建立联系,进行互动
4. 与熟悉的成人建立联系,进行互动
5. 社会性和情感理解能力

最后的反思

"撰写学习故事帮助我与儿童建立了更深入、更亲密的联结,因为我的故事是直接写给他们的,而且写的是他们的优长、能力和技能,而不是聚焦于他们做不到的事情上。"

撒哈拉·冈萨雷斯

图 3.1(续)

关于这个学习故事的更多见解

在这个学习故事中,一开始没有来自吉妮西丝家长的"声音",但是,很多天之后,他们用西班牙语给教师写了下面这段话,并被翻译成了英文。他们的话语和思考激励着撒哈拉继续撰写学习故事。

哇!卢娜,你如此友好地对待吉妮西丝,真是让我很惊喜。你是

> 一个了不起的小女孩，是很多人的榜样！你有一颗宽广仁善的心。我非常欣赏你的为人，也感谢你对吉妮西丝的喜爱和兴趣。我相信，未来你一定会是一位很棒的老师。
>
> 　　吉妮西丝，你也是一个了不起的女孩。你赢得了卢娜和很多人的心。你的身体残疾没能阻碍你去表达自己的情感和爱意。你也是一个有着宽广仁善之心的小女孩。你很聪明，我相信，有了像卢娜这样的人支持你，你会走得很远。
>
> 　　　　　　　　　　吉妮西丝的爸爸阿德尔索和妈妈弗洛里达尔玛

　　随着时间的推移，在我们的幼儿园，家长们对学习故事的反应也在不断变化。最初，家长们会回复教师，感谢我们与他们分享孩子在幼儿园里的具体学习时刻。尽管我们很感激家长给出这样的回复，但我们认为，如果他们能像教师那样直接给孩子写点什么，可能会更有力量。因此，我们在学习故事中添加了一些简短的提示，例如，"读了这个学习故事，你想对你的孩子说些什么？请直接写几句话给他吧。"这是另一种强化儿童与家长以及家长与教师之间关系的方式。

　　教师在一次"个别化教育计划"会议上与吉妮西丝的支持团队分享了这个学习故事，这个团队的成员包括吉妮西丝的父母、特殊教育教师、言语病理学家、物理治疗师、心理治疗师、职业治疗师、心理医生和幼儿园管理者。通常，"个别化教育计划"会议聚焦的是儿童无法独立做到的事情，将儿童视为个体学习者，由标准化测试的分数、等级和表现等参数判定他们是谁。而学习故事提供了另一种视角，为儿童的成就欢呼，把他们置于和同伴、场所及事物的关系中。

　　在"个别化教育计划"会议伊始，当这个展现了卢娜和吉妮西丝之间友情的学习故事被大声地读出来，并以照片的形式展示出来时，团队中的专家们对吉妮西丝有了新的了解。吉妮西丝真的在和卢娜互动，尽力和卢娜进行眼神交流。当卢娜摇着摇铃从1数到10，并在吉妮西丝面前跳来跳去的时候，吉妮西丝坐在新椅子上也尽量随着卢娜的歌声摆动着身体。有关吉妮西丝和卢娜之间愉快互动的一段视频表明，吉妮西丝做出了回应，她兴致盎然，很兴奋，也很高兴。在这个学习故事中，简单易懂的语言、教师叙述时的温柔语气、吉妮西丝和卢娜进行互动的短视频以及与故事相辅相成的照片，打动了很多成人的心。它有助于使"个别化教育计划"会议变得更加人性化，将关系置于早期教育的核心。

 重要观点

这个学习故事的基本要素

1. 拍照片
2. 拍视频
3. 记录儿童的社会互动和友情
4. 教师探究者与儿童互动，观察并记录

弗朗西斯科的学习故事：弗朗西斯科和尼莫形状的皮纳塔

下面这个学习故事有四页篇幅，它由我（伊奥罗）撰写，讲述了4岁的弗朗西斯科的故事，他最喜欢的电影人物是迪士尼电影《海底总动员》中的小鱼尼莫。这个学习故事最初是用西班牙语写的，因为在家里，弗朗西斯科和爸爸、妈妈以及6岁的姐姐大部分时间说的都是西班牙语。在这个学习故事中，我也分享了一些自己的童年记忆。这个学习故事亦是我与弗朗西斯科的家长进行沟通的一种方式，借此与他们交流儿童的兴趣，向他们展现弗朗西斯科是如何通过带领大家设计和制作皮纳塔来参与班级活动的。弗朗西斯科表现出对尼莫特征的详细了解，并担任了专家的角色。他根据自己以往的观察告诉大家，尼莫是橙色的，身上有大大的白色条纹，还被一根黑色的线包围着。

弗朗西斯科记得第二天要把他的尼莫毛绒玩具带到幼儿园，给同伴和老师看看尼莫到底长什么样子，这让我们看到了他的领导力。他询问是否可以在商店里买一个尼莫形状的皮纳塔，并因为可以在幼儿园里用旧报纸、气球和糨糊动手制作一个皮纳塔而激动不已。我自己在墨西哥的成长往事，以及童年时期在特定节日里自制并玩皮纳塔的经历，就像一块跳板帮助我根据弗朗西斯科的兴趣规划具体的活动，并在之后的几天慢慢吸引了更多儿童参与进来。

这个学习故事记录了弗朗西斯科对虚构人物尼莫的喜爱，以及他想要击打皮纳塔的愿望。我和弗朗西斯科的其他老师组成一个团队，每人都扮演不同的角色，共同为孩子们的皮纳塔制作过程提供支持。这个例子很好地说明，一个儿童的兴趣是怎样吸引其他儿童在不同的阶段参与到自发性活动和半结构化活动中的。弗朗西斯科的想法引发了一个由全班儿童参与的项目，我们需要去图书馆查资料，进行分享式阅读，在视频网站上搜索相关视频，并根据弗朗西斯科对尼莫形状、颜色和大小的了解设计与装饰皮纳塔（见图3.2）。

弗朗西斯科、尼莫和他的皮纳塔

作者：伊奥罗·M. 埃斯卡米拉　　时间：2019年12月20日

故事是什么

弗朗西斯科，你来我们幼儿园没几天，我们就注意到你是一个很健谈的孩子。有一天早上，你说你最喜欢的电影人物是尼莫。你告诉我，你喜欢尼莫，因为它是一个好朋友，也很漂亮。你问我知不知道它，我回答说，我当然知道尼莫是谁啦，它是一条橙色的小鱼，身上有黑色的线条。你有点疑惑地看着我，然后告诉我不对，尼莫是橙色的，身上有

图3.2　原版学习故事《弗朗西斯科、尼莫和他的皮纳塔》

第三章 识别和创作学习故事

大大的白色条纹，只被一点点黑线包围着。你告诉我，你第二天会把尼莫带到幼儿园让我看，这样我就能知道它长什么样子了。第二天，你真的带来了你的毛绒玩具尼莫，证实尼莫就是一条带有白色宽条纹的橙色小鱼，全身只有一条很细的黑色轮廓线。

这个故事意味着什么

弗朗西斯科，你第二天仍记得把毛绒玩具尼莫带到幼儿园，这让我很惊喜。我意识到，你有很强的记忆力，或许更为重要的是，你遵守诺言，也就是说，如果你说你要做什么，你就会去做。你的言出必行让我认识到，你是一个有责任感的孩子，我必须信任你。你还对我说你想拥有一个尼莫形状的皮纳塔，你问我是否可以从商店里买一个。我告诉你，也许我们可以在幼儿园里自己动手做一个。你说这不太可能，因为你觉得这太难了，我们不太可能成功，你也从来没有自己做过皮纳塔。

图 3.2（续）

机会和可能

弗朗西斯科，我们俩关于皮纳塔的对话让我想起了自己小时候，也就是像你这么大的时候，拥有一个皮纳塔是多么让人兴奋的事情啊。但是，因为我的爸爸妈妈那时候没有太多钱，所以我们从来没有买过皮纳塔。在表哥的帮助下，我和弟弟学习自己制作皮纳塔。有时候，我们用陶罐做。它们被砸碎时会发出巨大的声音，这让我们很开心，因为这意味着糖果、水果和硬币会从里面掉出来，就像在我们头上下了一场彩色的雨。因此，我向你保证，我们要在幼儿园里制作一个皮纳塔。弗朗西斯科，听到这个主意你很开心！一天上午，我在家里把热水和面粉混合到一起做成糨糊，带到幼儿园。我们可以用糨糊把旧报纸条一层一层地粘在一个吹起来的气球上，包裹住气球。撒哈拉从家里带来了旧报纸，艾丽西亚在储藏室找到了一个大气球，把它当作皮纳塔的内核。

很多孩子想要帮忙制作，就这样，尼莫形状的皮纳塔一点点成型了。过了几天，这个皮纳塔变得稍微结实点了，撒哈拉用卡纸做成鱼鳍和尾巴添加到它的身体上。现在，我们要做的事情就是用鲜艳的彩纸装饰它。你不用想都知道要用什么颜色。我想，你会很喜欢继续制作皮纳塔的！

弗朗西斯科，这些照片是2019年11月12日拍的，它们让我们想起了你在班里制作第一个皮纳塔的情形！你和你的朋友在皮纳塔里装满了糖果，然后轮流击打它，一直到把它打破，所有糖果从里面掉出来为止。每个人都用西班牙语唱了"皮纳塔之歌"。我希望你可以保持这个传统，等你长大了，你可能还会记得和小伙伴们一起制作皮纳塔并且边唱着歌边击打它有多好玩！

图 3.2（续）

皮纳塔之歌

打它、打它、击打它，

别忘了诀窍，

如果你忘了，

你就会搞不定它。

你打了一次，

你打了两次，

你打了三次，

现在你打完了。

我想，接下来，我们可以读一读双语图画书《魔法皮纳塔》(*La Piñata Magica*, Ismael Cala)，这本书的作者伊斯梅尔·卡拉鼓励大家养成用西班牙语和英语阅读的习惯，它可能有助于你学习这两种语言。我想到的另一本书是埃莉莎·克雷文写的《万岁：皮纳塔》(*Hooray: A Piñata*, Elisa Kleven)，你也可能会喜欢它。不过，这本书只有英语。我相信，我们还会在图书馆里找到其他与皮纳塔有关的英语和西班牙语书。

弗朗西斯科，我很好奇你的爸爸妈妈会如何看待你对皮纳塔的兴趣。我想起你的妈妈曾经提到，她的家人来自秘鲁。皮纳塔在墨西哥是很普遍的节日玩具，特别是在孩子过生日的时候，以及12月过节的时候。我想知道你在秘鲁有哪些家庭传统。不过，我最关心的还是你的爸爸妈妈会如何看待我们一起在幼儿园里探索这些传统。

弗朗西斯科，你是想12月的时候在幼儿园里云打皮纳塔呢，还是把它带回家保存？通过撰写这个学习故事，我意识到，我们有多需要进一步了解你和你的家庭呀！

图 3.2（续）

家长有什么样的看法

这个故事所描述的皮纳塔传统太美妙了！我在这个故事里看到了自己，它让我想起了自己的童年，因为在秘鲁，人们过生日的时候也会玩皮纳塔。我还保存着过 1 岁生日时，我和爸爸妈妈一起击打皮纳塔来庆祝的照片。我的丈夫告诉我，在危地马拉，他们也有相同的庆祝方式。皮纳塔是童年至关重要的东西。谢谢你们！

弗朗西斯科的妈妈厄休拉太太

墨西哥的皮纳塔传统

你知道吗？皮纳塔是跟随西班牙征服者来到墨西哥的。尽管那时候，玛雅人已经在玩把可可豆装在陶罐里并把它击碎的游戏了。在墨西哥，传统的皮纳塔是用陶罐做的，外面用 7 个尖角来装饰，里面装有糖块和水果。当皮纳塔被击破后，糖块和水果就会从里面洒出来，象征着把祝福洒在每个人的身上。

图 3.2（续）

孩子们对从零开始制作皮纳塔的过程发自内心地感兴趣，这促使教师们进行合作，并从虚构和非虚构类书籍以及互联网上收集信息，从而帮助孩子们实现愿望。

关于这个学习故事的更多见解

这个班级项目的高潮恰巧发生在庆祝即将到来的寒假之际，希望通过这些自发的和精心规划好的活动，孩子们能够了解这种在许多拉丁美洲国家常见的传统庆祝方式——一种已经被带到美国并值得世代相传的传统。

探究小组：可能带来变革的教育空间

探究小组可以被定义为教育空间和专业学习共同体，它力图消解标准化学习和测试型评价背后的持续驱动力量，努力将班级实践与反思性教学联系起来，从而促使教师审视自己对人类尊严、参与、不确定性和民主秉持着怎样的价值观与开放态度（Curtis & Carter，2017），以及这些价值观与开放态度如何影响他们的教学，影响他们与同事、儿童的共同学习，以及影响他们向同事、儿童学习。探究小组为早期教育工作者提供了机会，也让他们有可能讨论幼儿园里那些与课程以及儿童的文化、语言、身份认知相关的议题。当你表达出希望改变教学的意愿时，你将给探究小组带来一股非常强大的力量。例如，当你与小组成员分享自己教授双语学习者或身体残疾儿童的工作经历时，你的记录文档（如反思、照片、视频、撰写的故事）从你的视角展现了第一手的生活经验，即你正在如何改变自己的教与学方式以及社会对自己的看法。随着时间的推移，探究小组的聚焦点演变为阐明教学实践的发展，比如围绕儿童、家长及教师的优长来开展观察、记录和评价活动。就拿我们来说，是教师们坚持要有一定的反思自身实践的时间，并让它成为工作的一部分，从而让大家成为更好、更高效的教育者，重要的是，让大家的声音都能够被听到和被理解。于是，通过半结构化的探究小组会议，我们更了解彼此了，也更清楚地认识到作为个体的自己和作为团队一分子的自己。

从最初我们向幼儿园管理层提出要创建一个我们自己的实践者共同体到现在，已经将近10年了。在这10年间，我们经历了四任幼儿园管理者的更替。然而，无论管理者怎样变化，我们的探究小组都依然存在。现任管理者很支持我们的探究小组会议。不过，作为妥协，他提出，会议的前半段时间用来讨论教育实践，后半段时间则留给与学区事务相关的话题，如经费预算、文书工作以及与办学许可相关的要求。我们觉得这个方案很公平。我们所在的学区也指派了两位教学指导人员，他们参与并支持我们的探究小组，让我们可以代表儿童、家长和作为教育者的自己进行讨论、制订计划，并按照我们认为正确的方式行事。

本章小结

本章两个学习故事中家长们的回复，带给我们非常大的启示。例如，吉妮西丝的家长写道："你的身体残疾没能阻碍你去表达自己的情感和爱意。"卢娜的家长说："这个故事让我们看到，世界可以变得更好，而这一切是从孩子们开始的。"卢娜的妈妈希望卢娜有朝一日成为一位教师，事实上，卢娜已经就接纳、同理心、深切关爱他人给我们上了一堂深刻的课。正如吉妮西丝的父母所说，有卢娜这样的人给予的支持、同理心和理解，有弗朗西斯科这般的好奇心和坚持，有思想开放并愿意捕捉触动人们心灵的故事的教师们，所有儿童都将在人生之路上走得很远！这些发生在班里的故事邀请教师思考用新的方式去观察儿童的学习，并进行真实的记录，同时将它们视为理解儿童的存在、认知和生活方式之意义的一条路径。在这个过程中，教师通过撰写学习故事，发现了反思、学习和教学的新方法。本章中的两个学习故事聚焦于儿童的真实学习，这些学习大都是自然发生的，而不是基于预设的学习目标，它们促使成人超越预期的、线性思维视角，转而从整体性角度看待儿童的成长和发展，认识到儿童的学习与发展有时甚至是不可预测的。卢娜、吉妮西丝和弗朗西斯科的学习故事用叙事的方式展现了儿童、教师与家长的行为、想法以及希望。这些学习故事强调了有意义的课程之重要性，这样的课程是由儿童日常游戏中的兴趣所驱动的。这些学习故事将社会交往、关系和儿童的玩耍置于早期保育与教育的中心，并向家长传递了与儿童的幼儿园生活相关的积极信息，肯定了儿童是有能力的、好奇好学的、富有同理心的学习者。

关键点

> 有助于学习故事创作的往往是意料之外的事件,它们有可能发生在幼儿园一日生活中的任何时刻。美妙的事情常常发生在一天中的任何时刻,因为儿童在与同伴、材料及环境的互动中总是会有新的发现或建立新的连接。

> 在早期教育机构中使用学习故事,能将班级故事置于整个幼儿园的社会环境中,以激励大家共同实施更公平与融合的教育。

> 通过学习故事,教师投入教学和智力工作中,将早期教育行业人性化,并趋向更具包容性地观察、分析和理解儿童的复杂行动和行为之模式。

> 儿童的学习故事可以作为跳板,推动教师与儿童参与班里的其他项目和利用其他资源。

第四章

教师探究和学习故事的融合：社会化、游戏和语言

> 我们需要在实践和思想中添加些什么，以尊重与我们共度每一天的人们的复杂性？我们没有寻找的，也因此而看不到的，是什么？
>
> ——贝西卡·奎因（Bethica Quinn，2017，p. 57）

从反思开始

> 学习故事如何帮助教师关注儿童在社会化、游戏和语言发展方面的优长？
> 学习故事如何帮助教师识别游戏中儿童的社会化和语言发展的关键时刻？
> 学习故事中教师聚焦于儿童的社会化、游戏和语言发展所做的分析，如何深化他们的探究立场和认知？
> 融合探究小组中的学习故事，如何支持教师在聚焦于儿童的社会化、游戏和语言时获得的专业成长过程？

正如前面几章所讨论的，教师撰写学习故事的主要目的是对某个儿童的学习进行探究和评价，并鼓励家庭参与。本章，我们将探讨教师如何运用学习故事来实现这些目的，并将关注点放在儿童的社会性和情感发展、游戏、友情以及多种语言和读写学习上。一个学习故事既是关乎某个儿童、某位教师或某个教育活动的记录文档，也是一种评价方式。

探究小组有助于教师相互分享学习故事以及其他形式的记录文档，从而帮助教师持续深化对自己的教学和儿童的学习的思考。此外，教师还可以利用学习故事主动邀请家长参与儿童在幼儿园的生活和学习。

建构主义与师幼的学习

无论学习内容是什么，人类都是通过建构和拓展知识来学习的。"所有的认知都是认知者的行动，知识是在实践中产生的"（Maturana & Varela，1992，p. 34）。知识本身是建构的产物，建构主义理论有助于描述人类发展和学习的生理性、社会性、文化性起源（Fosnot & Perry，2005）。在教室里，每个人都在学习。儿童学习的是具体内容（无论是认知的、社会性的还是行为方面的），教师需要学习或了解的则是儿童的学习和他们自己的教学。这样的学习在任何情境中都会发生，但是，探究小组可以极大地促进教师进行有针对性的学习。进一步说，呈现我们学习了什么，以及这样的呈现在我们相互学习和相互交流彼此"知道"什么中所发挥的作用，是我们共同建构知识以及理解他人"知道"什么和如何"知道"的过程中不可或缺的一部分。因此，在探究小组中，教师们一边共同建构对自己的班级、所教的儿童以及所合作的家长更为深入的了解，一边提出许多关乎如何更好地为这些儿童、家长以及教师自己服务的疑问。探究小组为参与者在社会和文化层面建构新认知提供了一个舞台。

在支持教师建构知识方面，探究小组为教师提供了提出疑问以及体会和承认不确定性的机会。虽然这种情况可能令人不舒服或具有挑战性，但正是通过这种不平衡（对正在发生什么或者接下来要做什么等确定无疑的事情，提出疑问或产生好奇时的感受），学习和改变才得以发生。在探究小组同伴的支持下，通过质疑自己的实践和认知，教师可以进一步对自己的教学提出疑问，产生不平衡感，获得更多的洞见。因而，探究小组是在利用知识建构的社会和文化属性支持着教师的学习与发展。

运用一系列媒介呈现和再现我们的观点能够支持反思性过程，而这一过程对于我们建构知识和认知来说必不可少；同时，它也允许我们"对经验、状况和情境进行概括和再次概括"（Kroll，2018，p. 304）。撰写和阐述学习故事是观点呈现的一种典型做法。通过讲述和聆听学习故事来学习，要求教师建构和重新建构自己的基本认知。诸如学习故事这样的记录文档可用于教师的反思和质疑，而在探究小组中共同探讨这些故事可以进一步推动教师了解故事中的儿童或活动，也有助于教师了解自己的教学。

社会性和情感发展、游戏与课程

儿童的社会性和情感发展是早期教育工作者最为重视的一个课程内容，特别是通过游戏来促进儿童的社会性和情感发展。在早期教育机构中，儿童会探索与同伴一起学习和建立联系的有效方式，从而发展与他人和谐相处的能力。他们学习调节自己的情绪和冲动以学习新东西，与同伴建立友谊，以及与他人进行有效的互动。前文提到，人类需要各种各样的机会通过建构自己的理解来学习。在早期教育机构中，教师的目标是给儿童提供多元化的机会，让他们可以对正在学习的事物建构自己的理解，包括如何进行社会互动、如何调节自己的情绪和冲动等。

近10年来，人们对幼儿园儿童的期待越来越严格和偏向学业。自我调节能力的发展能够让儿童在面对这些期待时更具有韧性，也为他们的成功学习奠定了基础。"游戏以及游戏中自我调节能力的发展，为儿童提供了在自己的教育中发挥主体能动性的机会。"（Kroll，2016，p. 2）

通过定期对自己的教学实践进行探究，教师可以了解儿童正在建构什么，从而获悉还可以为他们提供哪些学习机会。学习故事为教师进行这样的反思和评价提供了记录文档。学习故事也有助于教师发展自身的洞察力和对自身教学实践的探究精神。

记录文档是一个复杂又深入的教师研究过程，是指"对儿童表现的记录，它包含充足且详细的信息，以帮助他人理解所记录的儿童行为"。

——福曼 & 法伊夫（Forman & Fyfe，2012，p. 250）

游戏是儿童社会性和情感发展不可或缺的一部分，也是大多数幼儿园课程的重要组成部分。通过游戏，儿童尝试发展关系、建立友谊，进行建构和读写活动，探索科学原理，进行数学推理，等等。关于儿童的游戏以及游戏如何体现他们所关心和学习的事物，教师有无数的故事要讲。在支持儿童的社会性和情感发展方面，一项重要的课程举措是为儿童提供游戏以及在游戏中进行社会互动的机会。游戏是儿童解决现实中那些难以处理的问题的工具（Kroll，2016）。游戏对儿童的自我调节能力发展也很重要，可以助力他们成功地遵守幼儿园生活中的规范和准则。在教师为儿童的社会性和情感发展创造机会的同时，儿童自己也在创造着机会。

在一所幼儿园中，孩子们发明了一个名叫"帮忙"的游戏，两位教师对这个游戏进行描述。孩子们走到滑梯旁，互相帮忙爬上斜坡。当大孩子和小孩子一起玩时，大孩子会帮助小孩子。不过，当只有大孩子（4—5岁）在那里玩时，这个游戏就变得激烈多了。孩子们会把彼此推下滑梯，在试图爬上斜坡时也很野蛮。教师们评论道（Kroll，2017，p. 866）：

为了玩这个游戏且不让任何人真正受伤，孩子们必须在以下三个方面运用自我调节能力：①控制自己的身体，这样即便他们与他人相撞，力度也会轻柔一点；②在一定程度上调节自己的情感反应——"别人的脚撞到了我的脸，但我知道这只是一个游戏，这是游戏的一部分，所以我不会因此而崩溃"……③同样，对那些特别容易生气的孩子来说，当有人撞到他们后，他们会阻止自己生气……这一点在这个游戏中特别明显……你可以看到他们花片刻时间思考是否要像往常那样做出回应（如生气或崩溃），然后他们决定不那样做，因为他们想继续参与这个游戏。

在这一打闹游戏中，儿童创造了练习自我调节能力的机会。这一游戏发生在一个安全的环境中，儿童可以自行决定如何互动和玩耍，教师则将其视为儿童可以学习不同玩耍方式的机会，比如在需要互相"帮忙"时学习关爱彼此、在打闹游戏中又练习自我调节和自我控制能力。教师继续对这些孩子学习了什么以及是如何学习的进行了评论（Kroll，2017，p. 867）：

她观察到，到了4岁，孩子们需要理解如何与他人相处，因此游戏成为他们的工具。这些孩子好像在想或在说："看来我们必须弄明白要如何相处了，因为4岁就应该知道这些。那么，我们要做些什么呢？好吧，让我们玩吧！然后，看看我们玩的时候会发生什么，我们会陷入冲突，我们也会解决它"……儿童需要学习与他人相处。似乎，游戏的动力来自儿童的这一需要。

因此，在这个实例中，你可以看到儿童的社会性发展与游戏进行了怎样强有力的"互动"。

虽然教师没有把这一互动写成一个学习故事，但它可以转化为一个很精彩的学习故事，围绕儿童的游戏、社会互动和自我调节能力发展进行分析与讨论。

游戏

德弗里斯等人（DeVries et al., 2002, p. 10）指出，随着儿童的发展，他们怎么玩和玩什么也发生了变化——"游戏方式的演变反映了儿童在发展上取得的进步，应该受到重视。游戏对儿童来说是有用的，可以帮助他们理解他们所生活的世界。皮亚杰、杜威和维果斯基的理论为教育者重视儿童的游戏和工作提供了强有力的理由，并帮助教育者理解工作如何从游戏中逐渐演变而来。"

与社会性和情感发展有关的学习故事

在第三章中，卢娜和吉妮西丝的学习故事突显了儿童的社会性和情感的学习与发展。这个学习故事记录了两个女孩之间的友谊，展现了儿童倾向于接纳彼此本来的样子，并带着极大的乐趣一起玩耍。

在撰写学习故事时，教师也在练习探究和记录。当教师学习撰写这样的故事时，他们同时在学习记录自己的教学，并对儿童的学习和自己对儿童学习的认识进行探究。近两年，我（琳达·克罗尔）一直和一所私立幼儿园的教师们一起工作。他们尝试用不同的方式记录他们所探究的疑题。当我把学习故事介绍给他们时，他们非常热切地想要运用这种方法。其中，亚伦为一组3岁儿童撰写的学习故事是最早的一批学习故事中的一个。这个小组一共有6个儿童，他们中的大多数都刚上幼儿园，正在了解每天和很多孩子一起上幼儿园是一种什么样的体验。在小组活动时间，亚伦设计了一个活动，用动物玩具表演一些冲突场景，然后邀请孩子们提出解决冲突的建议。在对这个活动进行记录时，他给这组儿童写了一封信，这是他第一次尝试给组里的儿童撰写学习故事。这些儿童称自己为"小饼干"。

亲爱的小饼干们：

朋友是什么？

小组活动时间，我一直在观察你们，也在倾听你们说些什么。我发现，你们对于"朋友是什么"有很多很棒的观点。我也发现，对于这个疑问，也许不是所有人都有答案。

小组活动时间，我问你们："怎样才能成为朋友？"你们给出一些很棒的回答，比如"一起玩""互相照顾""一起读一本书""我不知道"等。我又问你们："当你想和朋友玩的时候，你可以跟他说些什么？"你们回答道："我们来一起玩野餐游戏吧。""我想和你玩。""我会说，埃薇，我们去玩吧。""菲利克斯，我们去沙坑玩吧。""走吧！""玩吧！""我不知道。"我问你们："你如何与别人做朋友？"你们的回答是："你爱他们，照顾他们。""我照顾琼，我们一起玩娃娃家游戏，他是爸爸，我是妈妈。""一起玩！""我一直玩野餐游戏""我还不知道。"这些都是很棒的回答。或许，我们可以练习一下。或许，我们需要时间练习怎么与别人做朋友，怎么交朋友。不过，有一件事我可以肯定，那就是，我喜欢做你们的老师，我喜欢看你们努力的样子，喜欢看你们练习交朋友和练习对人友善和尊重。

有时候，在小组活动时间，我们的动物玩具会出现，因为它们需要我们帮助它们解决问题。大熊老师、河马、大象、熊猫、小猪都希望看到小饼干们帮助它们解决问题。有一天，小猪因为要来上学而感到很伤心。它一边哭，一边在地上打滚，因为它想要回家。小动物们都不知道该怎么帮忙，连大熊老师都不知道该怎么办。当大熊老师问小饼干们有没有办法时，你们猜猜发生了什么。小饼干们走向第五教室的抚慰照片盒，开始选择抚慰照片，然后把照片拿给小猪，对小猪说他们希望这些照片会让它的心情好一点。真的很有效呀！小饼干们，我真为你们感到骄傲，因为你们知道如何帮助小猪，你们有很好的主意，并且把友善付诸行动。

关于朋友是什么或者怎样与他人做朋友，我们不一定能给出全部的答案，但是我们会继续寻找，并且练习可以让我们成为朋友的方法。

我爱你们，小饼干们！我为你们感到骄傲！

爱你们的朋友　亚伦

在这封信中，亚伦对孩子们正在做什么（"故事是什么"）、这意味着什么以及接下来可以做什么进行了反思，尽管他没有把每一部分都标出来。他还描述了他们正在探索的问题——"怎样才能成为朋友？"。当他把这个故事读给孩子们听的时候，他们的后续讨论又引发了一个关键问题，即如何发展友谊和如何与他人做朋友。这个问题是社会性和情感发展课程的核心话题之一。学习像朋友一样相处，这一主题也出现在其他教师所撰写的学习故事中。在探究小组会议上，亚伦分享这个学习故事后，教师们讨论了这群孩子是如何在其他情境中（如自选活动时间和户外活动时间）表现出友善的行为和友谊的。他们注意到，新友谊的建立和问题的解决发生在许多不同的情境中。受这个故事启发，劳拉和艾拉都创作了自己的学习故事，描述了孩子们的友谊发展情况和孩子们之间的互帮互助。例如，第一章中艾拉的学习故事，就是在亚伦的学习故事之后撰写的；在这个故事中，孩子们用一句口头禅"练习让你变得更好"（而不是"练习使人完美"，因为这样说可能会让正在苦苦挣扎的学习者变得更沮丧）来支持彼此的学习。

关于这个学习故事的更多见解

亚伦的这个学习故事展现了孩子们是如何通过讨论与友谊、友善和游戏协商有关的话题来发展语言的，也展现了孩子们是如何应对伤心或孤独等情感困境的。

教师探究小组围绕学习故事所进行的讨论引发了后续一系列的探究，包括：这个班的儿童如何学习交朋友，如何和朋友协商，如何和朋友一起玩，以及如何支持彼此的学习。尽管发展友谊和同伴关系早已是早期教育课程的一个核心领域，但是围绕这个主题所撰写的学习故事让这三位教师更清楚地看到他们班里发生了什么，以及儿童在这个领域获得了怎样的发展，也激发他们思考还可以通过哪些方式支持儿童在这一领域的学习。同样重要的是，探究小组的交谈和反思还有利于促进教师之间的合作和友情，因此社会性关系的建构同时在儿童和教师身上延续着。对教师来说，下一步需要思考的是如何让家长和家庭融入这个过程。

因此，建构主义理论有助于教师解读和理解：通过撰写学习故事以及在探究小组中分享学习故事，他们可以学习什么和怎样学习。当教师对彼此的学习故事提出疑问并反思从彼此的分享中听到了什么和学习了什么时，学习故事就将儿童的知识建构与教师的教学及所教班级联系起来。撰写学习故事为教师提供了一个进行结构化反思的机会，帮助他们反思针对某一个儿童观察到了什么、做了些什么以及回应了些什么。在撰写学习故事时，他们可以建构和重新建构对学习故事细节的理解，反思他们对儿童的学习和自己教学的理解。在分享学习故事的过程中，教师可以对彼此的解读进行质疑，给故事的创作者和回应者带来一定的不平衡感，而这可以引发教师进一步建构自己的理解，提出更多疑问。

建构社会性关系

在《道德的教室，道德的儿童》（*Moral Classrooms, Moral Children*，DeVries & Zan，1994）一书中，作者指出，愉快的共享式体验促进儿童的社会道德发展——"当儿童体验到特别的友谊以及与他人一起玩耍的满足感时，他们就有了预防和解决冲突的动力。"

关乎社会化、游戏和语言的学习故事：探究小组的益处

当探究小组重视有关儿童的社会化、游戏和语言的学习故事时，教师就有了一个可以持续记录和分享儿童成长与学习中细微时刻的专业空间及论坛。持续的探究小组会议让教师得以用数周、数月甚至数年的时间去深化与拓展他们对儿童的社会化、游戏和语言学习的理解。

例如，在拉斯美洲探究小组的一次会议上，玛丽·林（粤语/英语双语教学主任）指出，有关儿童游戏和社会化的学习故事能"帮助我们用更个性化的方式了解儿童。对我们来说，这是更为轻松的观察和学习形式"。在同一会议上，佩内洛普·何（粤语/英语双语教师）分享了她写的一个学习故事《那我呢》。这个故事描述了一个儿童的社会性发展。佩内洛普解释了她选择这个儿童的原因："我观察了这个孩子一整年，我特别想看看，学年末的时候她在社会性方面的发展情况如何。"

撰写一个有关儿童游戏和社会化的学习故事，让教师得以有机会去留意和反思儿童在学习交新朋友以及在游戏中学习时会有怎样的感受。观察一个儿童与一个新玩伴互动，或者一个儿童因为一个新游戏而变得很兴奋，同样能引发教师的很多感触。在一个学习故事中分享这些感受和感触，能更为完整和细腻地呈现这个儿童的形象，并让每个人都可以看到和学习。例如，拉斯美洲特殊教育班的主班教师埃琳说："我们必须制订很多个别化教育计划，它们都是很枯燥的文字。但是，当我创作有关儿童游戏和社会性成长的学习故事时，我可以分享我的感受。"探究小组中的西班牙语/英语双语教师劳伦·博伊尔斯为埃琳班里的两个儿童撰写了学习故事，并在探究小组会议上朗读了它。在听完这个学习故事后，埃琳说："能听到我班儿童的学习故事，真是太美好了。它让我用一种新的方式看待他们的学习，看到他们的进步和成长。我迫不及待地想要和贾丝明的家人分享这个故事。"

当学习故事聚焦于儿童在社会化、游戏和语言学习中遇到的挑战与

获得的成就时，整个探究小组还受益于与学习故事的情感联结。例如，我（伊奥罗）常常和小组成员分享某些学习故事是如何影响我的情感，如何把我与小组成员、儿童和他们的家人联系在一起的。我对这些故事很有感情，我觉得这些学习故事是属于我自己的。但是，学习故事属于每个人，它属于儿童，属于家长，也属于教师。当人们体会到这些情感时，人们之间就会进行强有力的互动。当你拥有一份非常个人化的学习故事时，你会有什么样的感受？强烈的情感常常在记录了儿童努力交朋友或寻找最佳词语来发起游戏的学习故事中显现，它让学习故事成为触动每个人的故事，而经历探究小组共同探究的过程，小组成员就会共同"拥有"这些学习故事。

分享游戏中的儿童以及儿童与同伴交往的照片，还能够帮助教师捕捉一个或一系列有助于深入了解儿童的行为和非言语沟通的时刻。玛丽·林指出："当我为儿童的社会互动和游戏拍摄照片时，我会沉浸在当下。之后，当我重温照片时，我会记起更多当时发生的事情。"

创作和分享与儿童的社会交往、游戏及语言有关的学习故事，也有助于鼓励探究小组成员站在儿童的立场上进行思考。例如，劳伦·博伊尔斯撰写了另一个学习故事《给托马斯做饭》，描述了一天下午贾丝明和托马斯在"小厨房"一起玩的场景。这两个儿童都在拉斯美洲特殊教育班就读。以下是这个学习故事的开头部分：

贾丝明，在下午的自由玩耍时间，你和托马斯一起在"小厨房"玩。托马斯坐在桌边，而你坐在玩具炉灶旁。你递给托马斯一盘面包，但托马斯推开了盘子，说："难吃。"你拿走盘子，又给他拿了一盘豆子。你看着托马斯用叉子吃豆子。你说了些什么，然后把一盘面包放到托马斯旁边的座位前，又拿来杯子和两个勺子，坐下来和托马斯一起"吃饭"。

劳伦在探究小组上分享了这个学习故事。她说，她可以从贾丝明的视角讲述这个故事，也可以从托马斯的视角讲述。她后来之所以决定从贾丝明的视角撰写这个学习故事，是因为她想重点突出贾丝明在游戏互动中的行为，把它作为贾丝明在这方面成长的证据。在这个学习故事的"这意味着什么"部分，劳伦写道：

> 你能很好地与托马斯沟通和合作！你正在玩假想游戏和合作游戏，这些都是很重要的成长里程碑。你根据朋友发出的"信号"行动，你看着托马斯，想知道他对新拿来的盘子里的食物有何看法，并对他的"挑食"行为耐心地做出了回应。你和托马斯可以一言不发地一起玩耍，一直玩到收玩具时间才结束。我很好奇，如果不收玩具，你们会在一起玩多长时间？

选择从贾丝明的视角讲述这个学习故事，劳伦可以明确地指出了贾丝明的假想和合作游戏的具体要素，也表明了贾丝明如何凭借直觉了解玩伴行为的潜在含义。

关于这个学习故事的更多见解

贾丝明和托马斯之间的互动，很好地说明了儿童是在游戏中进行自我调节和合作的。当托马斯因为面包"难吃"而拒绝它时，贾丝明原本可以很生气或很失望，但她没有。相反，她留意了玩伴的愿望和需要，选择继续玩，并把托马斯的看法纳入他们的游戏。所有这些是在没有太多语言交流的情况下发生的，但却伴有很多具有表征意味的互动。

捕捉儿童在游戏、社会化和语言方面取得的成就并在探究小组会议上分享这些故事，有助于激发探究小组成员就支持儿童的进一步学习提供很多新点子。例如，我（伊奥罗）为 4 岁的阿列克谢写了一个故事，

描述他在操场上学习踩"高跷"（即两个倒穿在绳子上的塑料小桶）的场景。这个故事展现了阿列克谢的毅力以及踩高跷的技能。我在探究小组会议上分享了这个故事后，探究小组的一位成员建议我带阿列克谢到街那头的小公园去，这样一来，阿列克谢不仅可以在另一个环境里练习踩高跷，还能够玩新游戏，没准他会愿意挑战在紧绷的绳索上行走或攀爬网类设施。探究小组的会议纪要里记录了这个建议。在下一次的探究小组会议上，我和搭班教师分享了一段简短的视频和一些照片，它们记录了我们带着阿列克谢和全班儿童一起去公园玩的情景。

如果在一次探究小组会议上分享多个学习故事，或者随着时间的推移，在多个探究小组会议上不断积累有关同一个儿童的学习故事，那么小组成员就能获得宝贵的专业发展机会，从而反思个体儿童不同的发展轨迹，也能了解儿童的学习是如何随着时间的推移而变化的。例如，在拉斯美洲探究小组的一次会议上，小组成员们一共分享了 6 个学习故事。其中，5 个学习故事是由小组的固定成员分享的，另外一个学习故事是由来访的阿祖尔·马勒分享的，她任教于我们附近的一家早期教育机构，是婴幼班的教师。

> 学习故事 1：《一步、两步、三步》 作者：阿祖尔·马勒

    这个故事用西班牙语和英语撰写而成，讲述了阿祖尔是如何帮助 13 个月大的盖尔在教室里蹒跚学步的（本章稍后将对这个学习故事进行更详细的描述）。

> 学习故事 2：《上幼儿园的第一天》 作者：艾丽西亚·阿尔瓦雷斯

    在这个故事中，艾丽西亚描述了内森上幼儿园的第一天，在与朋友们互动时遇到的挑战，以及他尝试与卢娜一起玩（本章稍后也将对这个学习故事进行更详细的描述）。

> 学习故事 3：《足球运动员内森》 作者：伊奥罗·M. 埃斯卡米拉

    这个学习故事写于艾丽西亚的学习故事（即《上幼儿园的第

一天》）之后，比它晚一周，描述了内森如何在幼儿园里变得越来越自在，以及我意识到他与其他儿童一起踢足球时获得的巨大乐趣。

内森，我发现你真的很喜欢运动。当我们去操场上玩时，你喜欢参与不同的活动。你尤其喜欢踢足球。你的力量比我想象中的大，你的动作也很协调。令我惊讶的是，为了把球踢到目标位置，你能够计算出你与球之间的助跑距离，这样你就能用适宜的力度把球踢出去了。

> 学习故事4：《女孩们搭积木》 作者：玛丽·林

这个学习故事刻画了几个爱用乐高和积木进行搭建的女孩形象。玛丽解释说，她问了女孩们正在做什么，并对她们的游戏进行了长达50分钟的观察。操场另一边特殊教育班的助教辛西亚·罗梅罗也同时进行了观察，因为她们班里的一个儿童也参与了这个班儿童的游戏。玛丽通过记笔记和拍照片记录孩子们的搭建活动，并将这些素材用于评价儿童。玛丽在探究小组会议上大声地朗读故事，在她朗读完毕，我向玛丽建议是否可以将这个故事的主角定为某一个儿童，这样，家长就可以更为直接地回应这个儿童。小组成员还围绕儿童下一步学习的可能性提出了一些建议，比如邀请孩子们画她们搭的建筑。玛丽觉得她可以在这个学习故事中增加一个"机会和可能"板块，并邀请家长对故事做出回应。

> 学习故事5：《安杰拉种花》 作者：乔安娜·于

在朗读这个学习故事之前，乔安娜解释道，这个故事展现了3岁的安杰拉对种花的兴趣。乔安娜给孩子们读了一本大开本的图画书《种子》(Seed)，并问他们是否想要种下一颗小种子。安杰拉和其他几个儿童说想。这个学习故事是用粤语和英语写的，乔安娜用英语把故事读给探究小组的成员听，不过，其中的一些词语是用粤语说的。这个故事描述了乔安娜在和安杰拉一起数种子、种种子的过程中用英语和粤语进行的对话。乔安娜指出，安杰拉学到了一些新的英语词汇，安杰拉的妈妈也用英语回应了这个学习故事。乔安娜写道，安杰拉想要练习英语，她在家里是种花小帮手。安杰拉和妈妈在花店里买了一盆花，每周给它浇一次水。安杰拉的妈妈回应说，她希望安杰拉变得更有责任感，每天都去看看花的情况。安杰拉也回应了她妈妈的留言，她用中文对乔安娜说："我喜欢花，我的姐姐也喜欢花。我妈妈在花店买了花，我在家里帮妈妈浇花。"乔安娜将 DRDP 评价指标添加到这个学习故事中，表明安杰拉对某些语言和社交元素的理解。

> 学习故事6：《未来的教师海兹尔》 作者：埃德温·塞拉诺

在这个尚未完成的学习故事中，埃德温描述了海兹尔（班里年龄最大的儿童）用一块擦写板给五个小伙伴当老师的事情。埃德温观察到，海兹尔在擦写板上写下字母和数字，并让小伙伴们照着写。海兹尔问道："谁想在擦写板上写一写？"她还告诉小伙伴他们写得是否正确。小伙伴们轮流书写。海兹尔说："ppppp，字母p。"除了把数字2写反以外，海兹尔写的其他字母和数字都很正确。另一个儿童说："2不是这样写的。"海兹尔说："好吧，让我们再写一次。"埃德温指出，这个学习故事展现了海兹尔对某些发音、字母和数字的认知，也表明海兹尔知道如何提问并邀请他人参与活动。埃德温说，他将在这个学习故事的草稿中添加新的板块。

这六个学习故事的展示、分享和反思造就了一次生动的会议。学习故事帮助探究小组成员看到，儿童在语言、社会性、创造、建构、阅读和书写等领域的学习是如何嵌入他们的兴趣、渴望和需要中的。从这个意义上说，它不仅有助于向教师展示儿童在这些领域能够学到什么，还让教师看到，在这个过程中支持儿童的自发性和主体能动性是多么重要。例如，阿祖尔撰写的学习故事，体现了一个小宝宝想要学走路的强烈愿望。学习故事还能帮助探究小组成员看到和感受到，所有儿童在发展与学习过程中的某个阶段都会经历一些挑战。例如，艾丽西亚的学习故事表明，有些儿童到3岁时才开始学习说话以及与同伴互动。我（伊奥罗）撰写的故事表明识别儿童游戏才能的重要性——"内森，要想成功地踢足球，你需要加入一个团队，与他人合作，并学会分享。"

重要观点

支持儿童的兴趣与自发性

学习故事帮助探究小组成员看到，儿童在语言、社会性、创造、建构、阅读和书写等领域的学习是如何嵌入他们的兴趣、渴望和需要中的。从这个意义上说，它不仅有助于向教师展示儿童在这些领域能够学到什么，还让教师看到，在这个过程中支持儿童的自发性和主体能动性是多么重要。

这次会议上展示的学习故事也让我们得以了解儿童发展的概况。就建构主义理论和社会-建构主义理论而言，这些学习故事揭示了儿童在社会互动、认知和语言活动中努力建构自己的学习（例如，女孩子们搭积木，安杰拉和乔安娜一起种下种子）。这些故事也展现了儿童如何把游戏当作主要的探究和创造工具，然后使用多种语言加深他们与同伴和成人的联系，并与他人分享自己的学习。儿童通过社会互动建构的学习，从根本上与他们的需求和游戏性探索息息相关。维果斯基（1978）解释说：

忽视儿童的需求以及引发他们提出问题的有效诱因，我们将永远无法提前理解儿童是如何从一个发展阶段进入下一个发展阶段的，因为每一次进步都与一个明显的动机、倾向和诱因有关（p.92）。

……儿童进入一个想象的、虚幻的世界,在那里可以实现不切实际的愿望,我们把这个世界称为游戏。想象是儿童的一个新的心理过程……就像意识的所有功能一样,想象最初来源于行动(p. 93)。

这些学习故事还呈现了图式的发展和演变(Curtis & Joboneta,2019；Piaget & Inhelder,2000)。图式为儿童进行游戏性创造与探索提供了智力和身体上的参数,或者说思维线索。例如：海兹尔运用熟悉的图式或结构——"上学"——玩游戏；安杰拉了解在家里和幼儿园种植花卉需要什么。虽然这些学习故事没有使用这样的学术语言或研究语言,但它们是探究小组成员在90分钟的会议中所接触和反思的内容。

跨越了发展时间轴的学习故事

下面这些学习故事按照故事中儿童的年龄从小到大呈现,它们阐明了儿童在社会性和情感、身体及语言发展方面的不同概况。

阿祖尔为盖尔撰写的学习故事：《一步、两步、三步》

这个学习故事记录了13个月大的盖尔开始学走路的过程(见图4.1)。在这个学习故事的开头,阿祖尔解释说,在她的支持下以及盖尔自己的"毅力和决心"的驱动下,盖尔成了班里第一个会走路的孩子。盖尔的妈妈总是问："为什么他不走给我看看呢？'这个故事发生在周五,在接下来的周一这天,阿祖尔与盖尔的妈妈分享了这个学习故事和盖尔走路的照片。后来,阿祖尔又给盖尔的妈妈发了更多照片,因为盖尔的妈妈想在社交媒体上分享它们。阿祖尔通过这个学习故事记录了盖尔第一次在教室里走路的情形,所以我(伊奥罗)对其他小组成员说,可以把这个故事称为"第一次的故事"。阿祖尔告诉我们,她打算把这个故事打印在大纸上,并在教室墙面上展示。

一步、两步、三步

作者：阿祖尔·马勒　　时间：2019 年 3 月 15 日

发生了什么

亲爱的盖尔：

　　下午，我坐在办公桌旁做文案工作。我不是每天都在班里，今天凯拉一直和你们在一起。你一看到我，就从游戏区爬出来，然后在过道中间自己站了起来，并努力地保持着身体的平衡。凯拉走到你身后，蹲了下来。我说："盖尔，我想你了！"我向你张开双臂，然后你向前迈了一步，摔倒了。你摔下去的时候还咯咯地笑了。我说："盖尔，你想和我坐在一起吗？来，过来吧。"说完，我拿出手机，你看到后非常兴奋。你张开双臂以保持平衡。你看了看地面，然后抬起头，就这样，一步、两步、三步，你向我走来。你又摔倒了，但这没有让你停下脚步。你再一次爬起来，最后投入了我的怀抱。

爱你的　阿祖尔

图 4.1　原版学习故事《一步、两步、三步》

这意味着什么

盖尔，当我看到你在教室里独立迈出第一步时，我满心欢喜。你的妈妈告诉我，上周末，你在家里开始自己走路啦。这个星期，我一直在耐心地等待和仔细地观察着，希望能捕捉到这个特殊的时刻，好与你妈妈分享。艾丽西亚·F.利伯曼说，当小宝宝在父母的照护下感到安全时，他们会茁壮成长，会探索他们的身体、关系和物理环境。我发现，你在我们班里也感到很安全、很安心。你还非常有耐心，在确定自己的身体保持平衡了之后，你才迈出脚步。当你继续探索自己的空间时，我也会继续为你提供有助于你成长的安全、积极又具有挑战性的环境。

机会和可能

盖尔，你已经向我展示了你的第一步，我很想知道你还会向我展示什么。现在，我看到你开始走路了。我在想，我们还可以怎样为你提供具有挑战性的环境，让你可以继续探索？在班里，我们要为你持续提供安全又滋养的环境。你是我们班里第一个会走路的孩子，我已经等不及想看看其他孩子会从你身上学到什么。今天，你向我们展现了你身上众多优长中的一部分，那就是耐心、坚定和毅力。

安杰拉·J.汉斯科姆（Angela J. Hanscom）说："给孩子们提供充足的空间，让他们通过大肢体运动来探索他们身处的环境。孩子们将认识到，在任何身体活动中，他们都是强壮、自信和安全的。"

图 4.1（续）

> DRDP 婴儿/学步儿评价指标
>
> 1. 学习品质之自我调节（1）：维持注意力
> 2. 学习品质之自我调节（2）：自我安慰
> 3. 学习品质之自我调节（5）：控制自己的感受和行为
> 4. 社会性和情感发展（1）：在与他人的关系里认识自己是谁
> 5. 社会性和情感发展（3）：与熟悉的成人建立联系，进行互动
> 6. 身体发展之健康（1）：感知运动技能和运动概念
> 7. 身体发展之健康（2）：用大肌肉进行运动的技能
> 8. 身体发展之健康（3）：用大肌肉进行操控的技能

图 4.1（续）

阿祖尔的故事表明，学走路亦是一个社会性、群体性的活动与追求。阿祖尔拍的照片显示了凯拉（阿祖尔的搭班教师，当时和盖尔在一起）与盖尔之间的距离有多近，也让我们看到，凯拉实际上没有扶着盖尔，而是降低身体，张开双臂和双手，用这种方式支持着盖尔。阿祖尔是盖尔的目标，他正努力走向阿祖尔。凯拉的存在，不仅是为了在盖尔摔倒的时候扶住他，还让盖尔知道：凯拉和他在一起，支持着他，即便他摔倒了，凯拉也相信他会站起来再试一次。就这个意义而言，凯拉给盖尔提供的不只是身体上的支持，还有社会性和情感方面的支持。此外，教师给盖尔提供的支持也具有文化适宜性，比如，阿祖尔使用了与盖尔的文化相适宜的行动和语言来支持他（"盖尔，我想你了……你想和我坐在一起吗？来，过来吧。"），并首先用盖尔的母语西班牙语撰写这个学习故事，而西班牙语也是阿祖尔最初和盖尔进行"交谈"时使用的语言。通过首先使用西班牙语撰写这个故事，阿祖尔表达了对盖尔及其妈妈所使用语言的尊重，也表达了对在班里使用西班牙语的接纳。

关于这个学习故事的更多见解

很有意思的是，在这个故事中，我们发现，盖尔的身体、情感和社会性方面的发展结合在一起，共同支持着他学走路。盖尔在一个社会和文化环境中练习走路，并不懈努力。两个成人（凯拉和阿祖尔）为盖尔所提供的社会性支持，极其完美地阐释了在儿童学习的过程中，儿童与成人是相互支持的。盖尔的喜悦与教师们的支持和喜悦是相互匹配的。

艾丽西亚为内森撰写的学习故事：《上幼儿园的第一天》

这个学习故事记录了内森第一天上幼儿园的情况，那时候他2岁9个月。

艾丽西亚在7月初用西班牙语撰写了这个故事，为了可以在9月举行的拉斯美洲探究小组会议上分享它，我（伊奥罗）把它翻译成英语。艾丽西亚给第一天上幼儿园的内森拍摄了大量照片，并从中选取了几张。这些照片本身就在讲述着内森第一天上幼儿园的故事，包括他的情绪、行为、友谊的序曲和游戏。图4.2中的照片是从原版的学习故事里挑选出来的，它们反映了内森的一系列情绪和行为：从他与父亲卡洛斯的亲密身体接触（见照片2），到与卢娜进行有趣的互动（见照片9），再到内森独自玩球和滑梯（见照片5和照片7）。这些照片展现了第一天上幼儿园的那个上午，内森在社会性、情感、友谊和身体活动方面的过渡。和内森一样，许多在这样小的年龄就开始上幼儿园的孩子也会有同样的情感体验。这些照片同样无声地反映了成人（内森的父亲卡洛斯）和同伴（新朋友卢娜）的行为，以及艾丽西亚——一个善于观察的教师探究者和一个细心的记录者——的"隐蔽"行动。当你阅读完整的学习故事时，你将会发现，在理解和支持内森的入园过渡方面，卡洛斯、卢

图 4.2 从《上幼儿园的第一天》中选取的照片

娜和艾丽西亚提供了强有力的群体支持和文化支持。

在这个学习故事的第一部分，艾丽西亚使用了现在时态，这是一个能把读者带回到内森上幼儿园的第一天的有效技巧，让读者可以和内森、艾丽西亚、卡洛斯和苏珊娜（他的妈妈）一起重温那一天的情形。

我观察到了什么

内森，今天是你上幼儿园的第一天。我知道，对你来说，和爸爸分开有多难。我能从你的眼睛里看到你和爸爸分离的不易，但是我想告诉你，我们会尽我们的力量让你在这个新的人生阶段感到安全和自在。我们会帮助你交几个新朋友，学一些新游戏和新歌曲。你会在玩耍中学习，也会发现这多么有趣。你能来到我们班真是太好了！欢迎你！

艾丽西亚根据自己的观察和感受，表达了自己的情感和同理心（"我知道，对你来说，和爸爸分开有多难。我能从你的眼睛里看到你和爸爸分离的不易"），并告诉内森，教师们会帮助他"交几个新朋友，学一些新游戏和新歌曲"。尽管艾丽西亚撰写的是内森第一天上幼儿园的故事，但是我们可以从中看到，她计划在情感和社会性方面支持内森，同时让他觉得上幼儿园是有趣的，并逐渐在幼儿园里感到自在舒适和被接纳认可。

在下一部分，艾丽西亚描述了内森和卢娜之间迅速开展的社会交往。这一交往是由卢娜发起的。

我看到什么样的学习正在发生

内森，我看见你找到了一个好朋友卢娜。尽管你们两人没有说太多话，但是卢娜在你爸爸离开后给了你安慰。内森，你表现得非常友好，你喜欢和卢娜分享，与她轮流玩。当我们在花园里时，你一直和她在一起玩耍，看上去很开心。

卢娜特别喜欢与其他儿童交往、玩耍和互动。在学习故事的这个部分，艾丽西亚从内森的视角（"内森，你表现得非常友好，你喜欢和卢娜分享，与她轮流玩"）和卢娜的视角（"卢娜在你爸爸离开后给了你安慰"）讲述孩子们之间的有趣邂逅。然后，艾丽西亚就如何让内森的幼儿园生活变得更轻松提出了一些想法。

机会和可能

为了帮助你更轻松地面对每天与爸爸的分离，我们将为你准备你喜欢的玩具，并希望在卢娜的帮助下，让你感到安全和自在。我们会和你一起玩球，因为玩球似乎是你最喜欢的游戏。

内森的妈妈苏珊娜评论了卢娜和内森是怎样成为朋友的（在原版学习故事中是用西班牙语手写的）。

内森的家长有什么样的看法

内森，我知道这是你上幼儿园的第一天。对我们——你的爸爸妈妈——来说，和你分离同样是一件非常困难的事情，但它迟早要发生。不过，当你爸爸告诉我，卢娜安慰了你时，我的心情也好多了。我才知道，原来卢娜和你在同一个班里。卢娜是一个美丽、友好的小女孩，在她还是小婴儿的时候，我就认识她了。你出生之后，她也认识了你。我们已经很久没有见到卢娜了。我希望，你和她能成为好朋友，同时随着时间的推移，你还会交到新朋友。我知道你是一个友好的小男孩，不过，因为你还不太会说话，所以认识其他孩子对你来说可能有点困难，用英语交朋友则更难。但是我知道，让你上幼儿园是一个非常正确的决定，因为这样你就可以既学习西班牙语，又学习英语，还可以和你的同班同学以及在公园里遇到的其他孩子互动了。当然，你还会学习其他东西，如唱歌、涂色、数数、阅读和写字等。

妈妈

苏珊娜的回应让她得以表达自己的感受和共鸣，分享了她在面对分离时与内森和卡洛斯一样经受着情感上的挑战（"对我们——你的爸爸妈妈——来说，和你分离同样是一件非常困难的事情"）。

> **关于这个学习故事的更多见解**
>
> 对所有儿童来说，上幼儿园的第一天都意义重大。在这个学习故事里，我们可以看到内森对他爸爸的依恋。不过，他交了一个朋友来帮助他面对分离，这又让我们看到了他的适应力。上幼儿园，是每个儿童发展中的一个里程碑事件。身边的教师、同伴和父母如果能与儿童共情并提供支持，就可以帮助儿童在这个压力重重的时刻进行自我调节，并与儿童共同调节。

埃莉的学习故事：《种植》

由于某些不可抗拒的原因，拉斯美洲探究小组只能在线上开会，而教师们也只能在孩子们的远程学习时间见到他们。在这期间，乔安娜·于一直和她3岁的小侄女埃莉（中文名为瞳瞳）在一起，因此，她决定为埃莉撰写学习故事（见图4.3）。

种 植

作者：拉斯美洲早期教育学校　乔安娜·于

时间：2020年7月12日

瞳瞳用铲子铲了一些泥土放在花盆里。

图 4.3　原版学习故事《种植》

瞳瞳把多肉植物种在盆内。

瞳瞳把装饰用的石头放在盆内。

瞳瞳浇刚种好的植物。

背景

自从 2020 年 3 月 17 日起，由于某些不可抗拒的原因，我必须宅在家里，我在后花园里消磨了很多时间。我的侄女瞳瞳现在 3.5 岁，她大多数时候讲中文。她喜欢户外活动和玩水。于是，她常常跟着我。这个"学习故事"就是这样开始的。

发生了什么

瞳瞳，今天早上当你看见我种花后，你说你也想种，于是你拿起铲子铲起泥土，放在花盆内。你说你自己能做，不用我帮忙，我说："很好，证明你很独立。"然后，你问我："把这花花放在哪里？"我教你怎样放入泥内。你把花放入泥内后，把装饰用的石头压在泥土上面，最后，用花洒浇水。

这意味着什么

在后花园，瞳瞳开始只想玩水，不想跟我种花。我在种完花后，叫她浇水，她很乐意，浇完水后，瞳瞳问我："我可不可以种花花？"小孩子有时就是这样，当有机会看到你做的东西后，她觉得有兴趣，就有

图 4.3（续）

可能改变主意，想做她原来不想做的东西。她只有3.5岁，就能运用整句来提问，这说明她有很好的语言能力。她说她能自己用铲子铲泥，不用我帮忙，她把泥装在盆内，这说明她有表达自己想法的能力。然后，她学我那样，将植物种入盆内，用小石头压住泥土，这说明她有模仿能力。

下一步计划

1. 学词语：泥土、多肉植物、种
2. 数学：学数 1—10
3. 培养种花的兴趣
4. 植物需要水

家长有什么样的看法

我告诉瞳瞳的爸爸妈妈，瞳瞳今天种花并给花浇水了。她的爸爸很高兴，说热爱花草树木是好事。他说洗米的水很好，以后会叫瞳瞳一起去后院用洗米的水浇柠檬树、花和她种的多肉植物。

图 4.3（续）

乔安娜和埃莉一起在家里的后院种花，这让乔安娜有机会观察埃莉的语言以及埃莉与她、种植材料及工具之间的有趣互动。乔安娜和埃莉全程用粤语交流，乔安娜先用繁体的汉字撰写这个学习故事，然后把它翻译成英语，最后通过电子邮件与拉斯美洲探究小组的成员们进行分享。

这个学习故事中的照片几乎都是乔安娜贴着地面拍摄的。它们记录了埃莉种花的过程，从铲土到添加装饰用的石头，再到给花盆里的多肉植物浇水。在学习故事的"发生了什么"部分，乔安娜写道：

瞳瞳，今天早上当你看见我种花后，你说你也想种，于是你拿起铲子铲起泥土，放在花盆内。你说你自己能做，不用我帮忙，我说："很好，证明你很独立。"然后，你问我："把这花花放在哪里？"我教你怎样放入泥内。你把花放入泥内后，把装饰用的石头压在泥土上面，最后，用花洒浇水。

学习故事的这一部分表明，乔安娜在"尊重儿童独立建构知识和技能"与"共同建构知识和技能"之间实现了平衡，也揭示了她们互动背后的家庭和文化价值观，即重视能力和独立性。

在"这意味着什么"部分，乔安娜围绕这个学习故事在社会性、游戏和语言方面的价值进行了深入的反思，她写道："小孩子有时就是这样，当有机会看到你做的东西后，她觉得有兴趣，就有可能改变主意。"乔安娜成功地将埃莉的情况迁移到与她教的其他儿童身上，并让人联想到：在儿童的独立行为与成人和儿童共同建构的行为之间取得平衡，是非常有价值的。

在后花园，瞳瞳开始只想玩水，不想跟我种花。我在种完花后，叫她浇水，她很乐意，浇完水后，瞳瞳问我："我可不可以种花花？"小孩子有时就是这样，当有机会看到你做的东西后，她觉得有兴趣，就有可能改变主意，想做她原来不想做的东西。她只有3.5岁，就能运用整句来提问，这说明她有很好的语言能力。她说她能自己用铲子铲泥，不用我帮忙，她把泥装在盆内，这说明她有表达自己想法的能力。然后，她学我那样，将植物种入盆内，用小石头压住泥土，这说明她有模仿能力。

这个学习故事的最后一部分描述了埃莉爸爸的反应，他提到了在他们的文化和家庭中，有用洗米的水浇花的做法。

我告诉瞳瞳的爸爸妈妈，瞳瞳今天种花并给花浇水了。她的爸爸很高兴，说热爱花草树木是好事。他说洗米的水很好，以后会叫瞳瞳一起去后院用洗米的水浇柠檬树、花和她种的多肉植物。

关于这个学习故事的更多见解

在这个学习故事中，除了乔安娜的细致观察和评论外，你还可以看到埃莉对种花和照顾花的步骤非常了解。她知道先做什么，再做什么，最后做什么。她行动独立，反映了她脑海中有关于这一系列事件顺序的牢固图式。排列事件的先后顺序是早期教育阶段一个常见的学习内容。有意思的是，乔安娜注意到一开始埃莉并不是很想帮忙，埃莉似乎需要先观察和理解种花的步骤，然后才能独立行动。

撒哈拉为亚历山德拉撰写的学习故事：《亚历山德拉读书》

在拉斯美洲探究小组10月中旬的会议上，撒哈拉分享了她写的4岁亚历山德拉"读"书的故事（见图4.4）。

撒哈拉首先用西班牙语撰写这个故事，为了在探究小组上进行分享，又把它翻译成英语。故事记录了亚历山德拉在图书区读书的事情。在这个学习故事中，撒哈拉放了六张她所拍摄的亚历山德拉读书的照片，还展示了一段亚历山德拉读书的小视频。撒哈拉把六张照片分成三组，每组照片都呈现了两个略有不同的动作，表明亚历山德拉阅读动作的幅度变化。撒哈拉指出，亚历山德拉用左手拿书，用右手翻书，她在模仿成人的阅读方式。

亚历山德拉读书

作者：拉斯美洲早期教育学校 撒哈拉·冈萨雷斯

时间：2018 年 10 月 18 日

是什么样的故事，发生了什么

亚历山德拉，今天下午，我看到你在图书区阅读。你坐在小沙发上，手里拿着书。我意识到，你在"读书"。

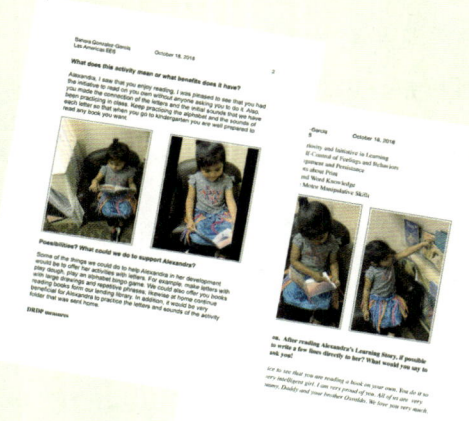

我看到你的嘴唇在动，但是我听不清你在说什么，因为其他孩子在你身边大声说话。看着你读书真的很有意思，我很想听听你是怎么读的。于是，我决定给你拍一段视频，然后听听你读些什么。我知道你是在"读"故事。你看着书上的图画，我想你可能在描述书里的画面。尽管身边的环境很嘈杂，但你没有分心，仍旧专注于你的书。你用左手拿书，用右手翻书。

我能听见你说 *pez*[1]（鱼）和 *queso*[2]（奶酪）这两个词。你停顿了一会儿，好像在回想这两个单词里的字母 p 和 q 的发音是什么。你把上下嘴唇贴在一起，好像在强调它们的发音。有时，你会用手指着书上的图画

图 4.4 原版学习故事《亚历山德拉读书》

---

1 西班牙语。——译者注

2 西班牙语。——译者注

或单词。你的朋友来到了你的身边,但你仍继续读着手里的书。读完之后,你把书放回了书架。

这个活动意味着什么或它有什么益处

亚历山德拉,我发现你很喜欢阅读。我很高兴看到你主动选择读书,而不是有人告诉你要这样做。还有,你把字母和它们的发音联系在了一起,我们在班里就是这样练习的。继续练习字母和每个字母的发音吧,这样,等你升入学前班时,你就准备好读你想读的任何书了。

机会和可能,我们如何支持亚历山德拉

为了支持亚历山德拉的发展,我们可以为她提供与字母有关的活动,例如用橡皮泥制作字母、玩字母匹配游戏等。我们也可以为她提供一些带有大插画和重复性语言的图书。此外,她还可以从图书借阅区借书回家继续阅读。同样,如果亚历山德拉能在家里练习字母和发音,也会对她很有帮助。

DRDP 评价指标

1. 学习品质之自我调节(4):好奇与主动学习
2. 学习品质之自我调节(5):控制自己的感受和行为
3. 学习品质之自我调节(6):参与和坚持
4. 语言和读写发展(7):了解与文字相关的概念
5. 语言和读写发展(9):字母和单词知识
6. 身体发展之健康:用小肌肉进行操控的技能

图 4.4(续)

> **家长有什么样的看法**
>
> 读了这个学习故事之后,你愿意直接给亚历山德拉写几句话吗?你会对亚历山德拉说些什么?谢谢!
>
> 女儿,很高兴看到你自己读书。你做得很棒。我真为你感到骄傲。妈妈、爸爸和你的哥哥奥斯瓦尔多都为你感到骄傲。我们都非常爱你。

图 4.4(续)

在这个学习故事的第一部分,撒哈拉讲述了她作为教师探究者在记录亚历山德拉的语言和读写学习时,自己的内在心理过程。

是什么样的故事,发生了什么

亚历山德拉,今天下午,我看到你在图书区阅读。你坐在小沙发上,手里拿着书。我意识到,你在"读书"。

我看到你的嘴唇在动,但是我听不清你在说什么,因为其他孩子在你身边大声说话。看着你读书真的很有意思,我很想听听你是怎么读的。于是,我决定给你拍一段视频,然后听听你读些什么。我知道你是在"读"故事。你看着书上的图画,我想你可能在描述书里的画面。尽管身边的环境很嘈杂,但你没有分心,仍旧专注于你的书。你用左手拿书,用右手翻书。

我能听见你说 *pez*(鱼)和 *queso*(奶酪)这两个词。你停顿了一会儿,好像在回想这两个单词里的字母 p 和 q 的发音是什么。你把上下嘴唇贴在一起,好像在强调它们的发音。有时,你会用手指着书上的图画或单词。你的朋友来到了你的身边,但你仍继续读着手里的书。读完之后,你把书放回了书架。

撒哈拉还记录和描述了亚历山德拉读书过程中的有趣一面、她的发音游戏以及她的高度专注——即使她的朋友走到身边，她还是继续读书。

在第二部分，撒哈拉鼓励亚历山德拉继续阅读和练习。

这个活动意味着什么或它有什么益处

亚历山德拉，我发现你很喜欢阅读。我很高兴看到你主动选择读书，而不是有人告诉你要这样做。还有，你把字母和它们的发音联系在了一起，我们在班里就是这样练习的。继续练习字母和每个字母的发音吧，这样，等你升入学前班时，你就准备好读你想读的任何书了。

在"机会和可能"部分，撒哈拉提出了满足亚历山德拉阅读兴趣的下一步计划，例如用橡皮泥制作字母（操作材料）、玩字母匹配游戏（有规则的游戏）。撒哈拉还指出了这个学习故事与DRDP评价指标之间的联系。

机会和可能，我们如何支持亚历山德拉

为了支持亚历山德拉的发展，我们可以为她提供与字母有关的活动，例如用橡皮泥制作字母、玩字母匹配游戏等。我们也可以为她提供一些带有大插画和重复性语言的图书。此外，她还可以从图书借阅区借书回家继续阅读。同样，如果亚历山德拉能在家里练习字母和发音，也会对她很有帮助。

DRDP评价指标

1. 学习品质之自我调节（4）：好奇与主动学习
2. 学习品质之自我调节（5）：控制自己的感受和行为
3. 学习品质之自我调节（6）：参与和坚持
4. 语言和读写发展（7）：了解与文字有关的概念
5. 语言和读写发展（9）：字母和单词知识
6. 身体发展之健康：用小肌肉进行操控的技能

在家长回应部分，亚历山德拉的妈妈梅西尔用西班牙语手写了几句话,表达了她对亚历山德拉自发读书的欣赏,以及全家人都为她感到骄傲。

> 女儿,很高兴看到你主动读书。你做得很棒。我真为你感到骄傲。妈妈、爸爸和你的哥哥奥斯瓦尔多都为你感到骄傲。我们都非常爱你。

1个月之后,在11月份的探究小组会议上,撒哈拉与大家分享了后续发展情况,以回应10月份探究会议上小组成员提出的建议。撒哈拉与亚历山德拉聊了在家里读书的事情,发现亚历山德拉在家里只有一本书。撒哈拉还与梅西尔分享了亚历山德拉在班里读书的视频,梅西尔说她在家里不懂得怎么与女儿一起读书。撒哈拉告诉梅西尔,亚历山德拉喜欢在学校里写日记,以及玩有关字母的游戏和练习。撒哈拉建议她们去社区公共图书馆,还给了梅西尔一些空白小卡片,这样亚历山德拉就可以在家里练习写字母了。她建议亚历山德拉从每次写4个字母开始,大写字母和小写字母一起写,然后玩"抓牌游戏"[1]。梅西尔说,这听上去是个不错的主意,因为亚历山德拉喜欢在家里写字母。

关于这个学习故事的更多见解

在这个学习故事中,你能看到读写学习与游戏的结合。亚历山德拉正在读书,她的行为是典型的早期阅读行为,即儿童表演观察到的真实读书行为。她也正在试着体会阅读者角色。她的行为涉及阅读的很多方面,包括:在阅读过程中翻书,关注文字也关注画面,把字母发音与字母表征联系起来。所有这些都是在游戏、好玩的情境中发生的。

---

[1] 英文名为 Go Fish,一种扑克游戏,至少两人参加,各方都抓四张牌,然后争取从另一方要牌或自己抓牌,把自己手上的牌配成对。当问另外一方是否有某张牌时,如果对方没有你要的牌,他就会告诉你"go fish"。——译者注

丹尼尔·迈耶为莉莉撰写的学习故事：《小星星在睡觉》

我（丹尼尔）每星期都会抽出一个上午去学区里的一所公立幼儿园做志愿者，带领全班和小组儿童阅读与大自然以及户外活动有关的书，然后孩子们会根据图书的内容，用水彩颜料创作图画并口述故事。在和4岁的莉莉一起工作后，我写了《小星星在睡觉》（见图4.5）这个学习故事。无论阅读、画画还是口述故事，莉莉都很专注和投入。她非常喜欢《小星星的大月饼》[1]这本书，被它迷住了。

莉莉用好玩的方式丰富她的口述故事和水彩画，在我用来记录口述故事的那些小纸片上添加了许多、许多内容。莉莉想把她的三大张水彩画粘在一起，然后把那些小纸片粘在大纸上。

小星星在睡觉

作者：丹尼尔·迈耶　　时间：2020年1月22日

发生了什么，故事是什么

亲爱的莉莉，上星期，我给全班小朋友读了林珮思创作的《小星星的大月饼》。当我给你们读这本书的时候，你看上去非常喜欢这个故事，倾听着月亮和小星星身上究竟发生了什么，观察着林珮思用浓重的黑色和金黄色画的美丽插图。你还喜欢表演吃月饼的动作，小口小口地吃，就像故事里的小星星那样。在故事快要结束时，我问你们月饼去哪儿了，你说在小星星的肚子里。你真的理解了整个故事呢。

图4.5　原版学习故事《小星星在睡觉》

---

[1] 该书的简体中文版已由中信出版社于2019年引进出版。——译者注

在我给大家读完这个故事后，你和另外三个孩子坐到桌边，用水彩颜料画画，然后口述你们画的故事。我不太确定你们是否愿意绘画和口述与《小星星的大月饼》有关的故事，但我还是把这本书打开，把它放在桌子中间给你和你的朋友们看，没准你们会从中获得一些灵感。一开始，你很小心地在纸上画了一些斑点。你的动作很慢很仔细，你先在水杯里蘸湿画笔，然后把笔上多余的水刮掉，之后选择一种颜料，很小心地在画纸上画画，你十分注意不让颜料混在一起。当我请你帮一下坐在

你身边那个比你年龄小的孩子时，你同意了；你给那个孩子演示怎样才能不把调色板上的颜料混合在一起，那就是在选用一种新颜料之前把画笔上的颜料刮干净，并把画笔上的水控干。

画完画，该口述故事了，你迫不及待地口述你的故事，甚至不用看图画书上的文字或图画。你看着我把你口述的故事记在五张小纸片上。在你讲完后，我教你怎样用胶带把小纸片粘到一张纸上。于是，你在每张小纸片的背面都贴上了胶带，我则帮你读出每张小纸片上的口述内容，之后你把小纸片按照故事发展的正确顺序粘到了纸上。你还想用胶带将水彩画与这张纸粘在一起，变成一张既有画又有故事的大纸。

这个故事有什么重要意义

你让我看到，你有多喜欢《小星星的大月饼》这本书，有多喜欢听

图 4.5（续）

这个故事，还能追随故事发展的线索和情节。同时，在画水彩画和口述故事时，你非常投入也非常享受用胶带把记录口述故事的小纸片按正确的顺序贴到纸上的过程。这真的让我看到你对故事和图书的爱有多深，以及你在与故事、图书建立联结的时候投入了多少情感和思考。我还发现你对早期读写以及文字和图画的功能有很深的了解，知道文字和图画可以讲述故事且有意义。

从这个故事中萌生了哪些新想法

在你读更多的书、画更多的画、口述更多的故事的过程中，我想我们可以探索以下这些新的方向：

1. 与全班儿童分享你的画和口述故事
2. 把你的口述故事"读"给自己听
3. 帮助比你年龄小的儿童画画和口述故事
4. 练习模仿和书写图画书中的一些单词
5. 根据你的口述故事练习把它们的发音写出来

家长的回应（即将发生）

……

图 4.5（续）

在这个学习故事的开头，我指出，莉莉用有趣的方式与这本书和这个故事互动。

发生了什么，故事是什么

亲爱的莉莉，上星期，我给全班小朋友读了林珮思创作的《小星星的大月饼》。当我给你们读这本书的时候，你看上去非常喜欢这个故事，倾听着月亮和小星星身上究竟发生了什么，观察着林珮思用浓重的黑色和金黄色画的美丽插图。你还喜欢表演吃月饼的动作，小口小口地吃，就像故事里的小星星那样。在故事快要结束时，我问你们月饼去哪儿了，你说在小星星的肚子里。你真的理解了整个故事呢。

在大声读故事活动中，莉莉用有趣的方式表演了小星星的动作，这为她之后的水彩画、口述故事和把纸张粘在一起变成一幅大作品奠定了基础。

在"发生了什么"部分，我还描述了这些事件之间的联系：

画完画，该口述故事了，你迫不及待地口述你的故事，甚至不用看图画书上的文字或图画。你看着我把你口述的故事记在五张小纸片上。在你讲完后，我教你怎样用胶带把小纸片粘到一张纸上。于是，你在每张小纸片的背面都贴上了胶带，我则帮你读出每张小纸片上的口述内容，之后你把小纸片按照故事发展的正确顺序粘到了纸上。你还想用胶带将水彩画与这张纸粘在一起，变成一张既有画又有故事的大纸。

莉莉主动拓展了这个活动，提出创作一幅更大、更丰富的作品。在"这个故事有什么重要意义"部分，我指出，这个学习故事不仅揭示了莉莉的早期读写知识，比如有关文字的概念，还表明她是如何通过游戏、发挥创造力以及共同建构对早期读写和艺术进行探究的。

以上所有这些实例都阐明了，学习故事是如何记录儿童的发展变化，以及如何深化教师对儿童的社会性和情感、身体及语言发展的认识的。学习故事还是一扇窗户，让我们得以看到某个儿童的社会关系、读写知识和认知图式的具体建构过程。

本章小结

本章的重点是阐述学习故事如何聚焦于儿童的社会性和情感、游戏及语言发展，以及在探究小组中分享这些故事如何为教育者提供儿童个体在这些领域学习的图景。本章的每个学习故事都表明，儿童个体是如何获得某方面的发展的，如自我调节、独立性、社会关系、语言和学业学习。探究小组成员围绕这些故事所进行的讨论，给教师带来了更多启发和视角，帮助他们理解自己班上儿童的学习，也让他们为家长提供有关儿童发展的新信息。

关键点

> 创作和分享与儿童的社会交往、游戏及语言有关的学习故事，也有助于鼓励探究小组成员站在儿童的立场上进行思考。

> 持续的探究小组会议让教师得以用数周、数月甚至数年的时间去深化与拓展他们对儿童的社会化、游戏及语言学习的理解。

> 强烈的情感常常在记录了儿童努力交朋友或寻找最佳词语来发起游戏的学习故事中显现，它让学习故事成为触动每个人的故事，而经历探究小组共同探究的过程，小组成员就会共同"拥有"这些学习故事。

> 如果在一次探究小组会议上分享多个学习故事，或者随着时间的推移，在多个探究小组会议上不断积累有关同一个儿童的学习故事，那么小组成员就能获得宝贵的专业发展机会，从而反思个体儿童不同的发展轨迹，也能了解儿童的学习是如何随着时间的推移而变化的。

第五章

教师探究和学习故事的融合：公平的学习机会

无论是任何岗位的早期教育工作者还是任何类型的早期教育机构，促进公平都需要自我反省，愿意用尊重的态度倾听他人的观点，不打断、不防御，并持续地学习，以改进实践。

——全美幼教协会（2019，p.5）

从反思开始

> 探究小组如何帮助教师为儿童及其家庭创设公平的学习环境，保证他们拥有公平的学习成果？
> 学习故事通过哪些方式帮助教师发展策略，以包容并支持儿童的社会性、语言及其家庭的多元化？
> 学习故事与全美幼教协会发布的《促进公平的早期教育》立场声明中的原则及策略有什么样的联系？

学习故事让教师有机会从不同的人、不同的视角获得与儿童学习有关的反馈和洞见，从而更深入地理解儿童的学习。儿童、搭班教师、管理者、家长、家庭成员以及所在的社区成员都有不同的视角，为进行丰富的对话和共同反思做出了贡献。当致力于专业发展的教育者们聚在一起对教学和实践进行分享、讨论、反思并提出疑问时，学习者共同体就形成了。

对专业成长热切而持久地投入，应该成为每位教师的心中所愿。全美幼教协会发布的《促进公平的早期教育》（Advancing Equity in Early Childhood Education，2019）立场声明呼吁教育工作者行动起来，通过教学和实践来促进公平——"所有早期教育工作者都肩负着促进公平的职责。当他们所在的早期教育机构有效地支持他们；当他们及其所处的更广泛社区把多样性与包容性视为优势，坚持公平和正义的基本原则，并努力消除阻碍公平学习机会的结构性不公平时，他们才能把促进公平这件事做到最好。"在一个"实践共同体"[1]中共同合作以支持包容、公平和多元是极其重要的，也需要所有教育工作者的共同努力。

学习故事为教师接纳并尊重差异与相似提供了一种工具，也为教育者提供了一个与儿童及其家庭的生活经验建立连接的框架。学习故事为教师进行有意义的对话和勇敢的反思提供了空间，让教师可以探讨和反思尊重儿童及其父母的种族、阶级、文化、性别、能力、母语、祖国、土著文化遗产、宗教和其他身份特征的重要性。这些对话不仅能够帮助教育者应对系统性种族主义[2]，还能让发生在园内外的学习被看见。

此外，学习故事探究小组允许教育者放慢脚步，聚焦于儿童独特的历史、文化和社会身份上的优势，以及他们在多种情境中的学习。家庭是个体儿童教育的核心推动力，教师可以通过家长的视角了解儿童的园外学习情况。教育者要敞开心扉，与其他同样追求专业成长的教师一起反思和讨论学习故事。这将产生强大的影响力，并改变你对所照护儿童的看法和理解。

最重要的是，学习故事强调教师、儿童和家长之间紧密交织的关系，让这些关系变得可见（Carr，2001；Carr & Lee，2012，2019），并

---

[1] 由同一领域或同一情境中的人，基于共同愿望或共同目标而自发聚集起来，一起分享知识和经验，共同参与学习和实践活动的群体。——译者注

[2] 由美国社会学家乔·R. 费金（Joe R. Feagin）提出，这种理论认为，种族主义已经牢牢嵌入美国的社会制度与结构，美国的警察系统、司法系统、教育系统都被深深地打上了种族主义的烙印。——译者注

表明他们之间深入的联结如同一幅代表了不同人的文化、价值观、信仰和观点的美丽挂毯。尽管学习故事通常撰写和聚焦的是儿童的学习经验，但它不仅对儿童有益，其中的故事讲述者、儿童和家长的声音都为他们彼此之间建立深入而真实的联结提供了机会。此外，通过探究实践，每一位学习故事贡献者的价值观都会在他们对儿童的回应中呈现出来。这些回应提供了一个窗口，让教师可以通过它深入了解对儿童来说非常重要的关系。除了学习故事本身，探究小组成员对学习故事的分析过程，还有助于教师识别儿童的深层次学习，并与故事讲述者的价值观联系起来。

实践中的学习故事和探究小组

每个探究小组因人数、组成、结构等因素而各不相同。你会在接下来介绍的普莱瑟县和内华达县探究小组以及拉斯美洲探究小组中看到这些差异，它们分别代表了新成立的探究小组和已经在一起工作了多年的探究小组。

启动普莱瑟县和内华达县探究小组

儿童社区（KidZ Community）为参与美国北加利福尼亚州早期开端计划和开端计划的儿童及其家庭提供服务，他们从 2013 年起就开始运用学习故事了。我（安妮·怀特）现在是一名大学教授，而在此之前，我在这个机构工作了近 20 年，主要负责学习故事的试点使用工作。其间，我参加了由"灵感新西兰"组织、玛吉·卡特带队的一次海外研学活动。在研学过程中，我参观了新西兰的早期保育和教育机构，阅读了教师们的记录文档，倾听了新西兰教育者们分享的学习故事撰写之旅，也听温迪·李介绍了新西兰国家早期教育课程研发历史和学习故事的起源。之后，我开始倡导将这种创新的评价方式纳入加利福尼亚州及其他地区的早期教育机构中。

正如本书第二章所述，加利福尼亚州甚至全美国的教师觉得他们被各种硬性规定的评价方法"淹没"了，实施这些评价方法对许多教师来说，是一项令人生畏且耗时耗力的任务（White，2015）。在新西兰的研学经历，给我带来了寻求改变和在美国倡导学习故事的勇气。我曾与几个早期开端计划项目和家庭探访项目一起工作，这些项目很愿意作为试点，尝试将学习故事和一个硬性规定的评价工具——DRDP——结合使用。学习故事被用来为 DRDP 儿童评价量表提供支持性证据。试点的成果非常喜人，教师和家庭探访人员都发现学习故事创造了：①联结；②伙伴关系；③人际关系；④共享的价值观（White，2015）。2015 年，我离开了儿童社区。但是，在儿童发展部执行理事德尼斯·卡多萨的支持下，在开端计划和早期开端计划专业发展指导师林赛·谢弗的指导下，早期开端计划项目继续使用学习故事，并使它得到了蓬勃发展。

林赛参与了一个线上的学习故事促进者探究小组，她提出创建一个新的探究小组，儿童社区中感兴趣的工作人员都可以加入。于是，普莱瑟县和内华达县探究小组形成了。

普莱瑟县和内华达县探究小组主要由儿童社区的教师和管理者组成，一开始由林赛领导小组工作，每月组织一次小组会议，并得到了学习故事促进者探究小组的支持。1 年之后，探究小组决定鼓励所有参与者担任领导者角色，从而获得成长。因此，隶属儿童社区的早期开端计划项目的管理者史黛西·拉菲特成为探究小组的联合领导者，她之前一年都在参与探究小组的活动。史黛西也是一位学习故事的倡导者和儿童社区的工作人员，从学习故事最初在儿童社区进行试点开始，她就和林赛并肩工作了。她们邀请普莱瑟县和内华达县志趣相投的早期教育工作者加入探究小组，共同探索学习故事并借助它加深教师与儿童、家长及同事的关系。

 **重要观点**

探究小组的会议流程

- 欢迎、茶点、签到、就座
- 会议开始,邀请教师自愿分享学习故事,并根据当天分享的人数确定每位教师的分享时长
- 分享故事与记录文档
  - 每位分享者提供背景信息,并分享他们的故事或所记录的材料,然后小组其他成员给予反馈或提出疑问。探究会议引导者邀请与会者运用"思考的镜头"[1]来帮助自己构建有关反思、分析和提问的框架。
- 围绕某篇文章进行讨论
  - 在此次会议前,探究小组参与者自行阅读将要讨论的文章。激发反思:"文章中的哪些内容引起了你的注意,让你觉得特别有趣或者对我们的工作特别重要?"
  - 开放式讨论和反思
- 最后的反思
- "就教育实践而言,我们还想更深入地探究哪些疑问?"
- 发送有助于进一步探究的资源,告知下次会议时间,并感谢大家参与探究小组活动

普莱瑟县和内华达县探究小组的成员包括:4位早期开端计划的教师、2位早期开端计划项目的管理者、1位开端计划的教师、1位执业婚姻和家庭治疗师、2位高级育儿师,以及1位专业发展指导师。在学习故事方面,探究小组成员的经验、知识和实践各不相同,有的是刚开始接触学习故事,有的已经实践和运用学习故事7年。每月的某个晚上,

---

[1] 英文为 Thinking Lens,用于引导反思和讨论的工具,由柯蒂斯和卡特于2017年提出,并与安·佩洛(Ann Pelo)一起做了修订。——译者注

探究小组成员会相聚一次，每次讨论 2 小时。

在第一次探究小组会议上，他们制定未来一年的会议目标，形成共识，并讨论想要探索的学习故事的各个方面以及他们心中对于实践的疑问。

探究小组会议每次都有固定且灵活的流程，包含两个目标：分享学习故事以及讨论和分析与学习故事相关的文章。在每次会议上，他们都从分享学习故事开始，然后相互反馈，进行反思。故事分享的内容，既可以是照片和口述的故事，又可以是完整的学习故事，其他形式的记录文档也是受欢迎和被鼓励的。这个学习故事探究小组使用"有助于反思和探究的思考镜头"（Curtis & Carter，2017），支持小组成员围绕所分享的故事进行讨论和反思。

探究小组围绕一个学习故事进行探究的旅程

一个学习故事就是一段旅程，有许多参与者和不同的路径。这段旅程的终点不是写了一个学习故事，恰恰相反，撰写学习故事只是起点。在下面的实例中你将会看到，一个学习故事变成了多个故事，进而提供不同的视角，拓展小组成员的学习和反思。

凯莉写了一个学习故事并在探究小组中分享

在一次普莱瑟县和内华达县探究小组会议上，早期开端计划教师凯莉·罗和她所在园区主管金吉尔·帕克与大家分享了 2 岁 7 个月大的活跃男孩雅各布给她们园所带来的一些挑战，她们不知道如何支持这个孩子。经过合作探究式的反思，问题变得十分明了：这所幼儿园的环境不公平，无法满足那些活跃孩子的需要。教师试图控制或改变雅各布的行为，而不是尊重他的兴趣，为他提供积极与环境互动的机会，或者调整一日常规，让他可以长时间地在户外玩耍。雅各布是混血儿，这也是凯莉和金吉尔在回应雅各布的行为时需要思考的一个重要因素。

研究表明，教师对黑色皮肤和棕色皮肤男孩的偏见在不等比的学前开除率中显而易见（Cyphert，2014；Gilliam et al.，2016）。全美幼教协会（2019，p. 6）建议，每个人都要"承认存在结构性的不平等，并试图理解随时间的推移它们所带来的影响。当社会身份带来了学习结果上的巨大差异（例如不平衡的成绩测试分数、黑人和拉丁裔男孩停学或被开除的数量和频率更高、按性别提供某些材料和活动等）时，请采取行动。要更深层次地理解你的期待、实践、课程或政策如何给儿童带来了（或许在不经意间造成）不公平的结果，以及可以采取哪些措施改变这些结果"。教师必须了解任何可能导致结构性不平等的教学和实践，特别是其对像雅各布这样混血、活跃又充满能量的小男孩的影响。

探究小组能够帮助小组成员避免采用"不足／短板"模式（deficit model）看待儿童的行为。探究小组遇到的一个重大挑战是如何支持那些与教师的文化背景不同的儿童，成员们需要共同学习如何借助学习故事为这些儿童提供支持。通过与探究小组成员共同反思，凯莉得以了解她给雅各布贴上了错误的标签，转而开始看到雅各布的能力、优长以及他在社会、文化和游戏方面的才能。在诚实地探究中进行批判性自我反思，这一能力至关重要。丽萨·德尔皮特（Lisa Delpit）说："重要的是要记住，儿童是独立的个体，不能用任何关于他们'应该'如何行动的、先入为主的模式去要求他们。问题不是一定要想方设法为每个种族的儿童创设与他们的文化'完美匹配'的学习环境，而是如何识别一个儿童出现了问题以及如何从最全面的视角理解问题发生的原因。"德尔皮特（1995，p. 176）进一步指出，"当学生的文化背景和学校文化之间存在很大的差异时，教师很容易误读学生的天资、意图或能力，这样的误读是由不同的语言风格和互动模式所导致的。"

凯莉发现了她与雅各布相处之所以困难的原因，即她想要控制他的行为，以及没有足够的户外活动时间。她不想成为一个总是对儿童说"不"的教育者。她对小组成员的反馈和建议持开放的态度，并将这一挑战与她自己的生活经验以及作为学习者的体验（即想要自由地探索）联系在一起，正如她在学习故事中所写的那样：'你和我有一些共同之处，我们都喜欢找出事情发生的原因，都爱解决问题。"通过与探究小组成员的多轮提问、交谈和反思，凯莉心中有了一个计划，以进一步识别和回应有助于雅各布成长的一些机会。

探究小组会议之后，凯莉回到了她所在的幼儿园，开始实施新的计划。她运用学习故事记录对雅各布的观察，还满怀热诚地为雅各布的家长写了一个学习故事（在第六章中会进行详细论述），这个学习故事加深了她与雅各布的家长之间的关系和联结。探究小组会议之后的那一周，她撰写了学习故事《解谜题，找答案》（见图 5.1），这个故事反映了她想要创设公平的学习环境的决心和行动——"我向一些很有智慧的教师寻求了帮助和建议。我想要寻找一些满足你的好奇心和帮助你释放能量的方式，而不是压制它们。我想让你觉得自己是一个出色的科学家、无畏的探险家、了不起的运动员……我不想让你觉得自己是一个总是做错事的小孩子。"

解谜题，找答案

作者：凯莉·罗　　时间：2019 年 10 月 30 日　　星期三

雅各布：

你有一颗爱心，脸上总是挂着微笑，对一切事物都葆有永不满足的好奇心。我想，你可能觉得自己的面前好像有一道篱笆，而所有有趣的事情似乎都发生在篱笆的另一边。你每天似乎都没有足够的时间去探索你想要探索的一切，所以你总是在移动。

但是，我感觉在我们共度的时光里，我一直在追着你跑，叫着你的名字："雅各布，温柔一点……雅各布，注意安全……雅各布，请把脚放在地上……雅各布，雅各布，雅各布。"我开始觉得，在你的生命中

图 5.1　凯莉写给雅各布的学习故事

我的角色就是出现在你面前，然后毁了你的乐趣（我很想在你探索时对你的想法保持开放的态度并支持你，但是，说真的，亲爱的，我不能让你爬进洗手池用洗手液洗头）。

我向一些很有智慧的教师寻求了帮助和建议。我想要寻找一些能满足你的好奇心和帮助你释放能量的方式，而不是压制它们。我想让你觉得自己是一个出色的科学家、无畏的探险家、了不起的运动员……我不想让你觉得自己是一个总是做错事的小孩子。

我们一起想出了一些可以做的事情，而且，雅各布，我们成功了。根据你喜欢做的事情，我们找到了一些你更喜欢做的事情。你喜欢从滑梯上往下扔东西，并让它们卡在滑梯和围墙中间。我们无法从滑梯后面把玩具拿出来，而且你喜欢扔的球也有点重、有点硬，有可能伤到别人。于是，我们在滑梯的一边安装了一些大大的硬纸管，你很喜欢把球和积木扔到管道里，让它们滑下去，也喜欢听到球和积木砸到下面的金属桶时发出"砰"的声响。

我们注意到你喜欢做一些"艰巨的任务"，因此，我们为你在户外（你在户外时最开心，户外也为你释放能量提供了足够大的空间）找到了一些可以做的事情。我们在石头旁放了一些空牛奶箱，你整个上午都在愉快地往牛奶箱里装石头，然后推着、抱着这个箱子在操场上到处

图 5.1（续）

跑。今天，我们在牛奶箱上系了一些短短的绳把手，然后把牛奶箱放在一堆积木旁。你搭了一会儿积木，然后在牛奶箱里装满积木，并在操场上拉着跑。当你拉着牛奶箱从草地上的干树叶走过时，留下了一条条轨迹，你似乎对这些轨迹特别感兴趣。

对于未来的日子，我还有更多的想法和计划，比如玩吵吵闹闹的活动、玩脏兮兮的活动，或者搞点大事情，点燃你的好奇心。我希望我们可以创造一个充满学习和探索机会的世界，少一些"雅各布、雅各布、雅各布"。

我看到什么样的学习正在发生

你学到了什么：雅各布，你做的很多事情都关乎因果关系，比如，"如果我扔了这个/我压扁这个/我推这个/我撕这个/我把这个倒在这里，会怎么样呢？"你还喜欢进行大幅度的探索，你一直在运用大肌肉运动技能。尽管你像蜂鸟一样忙碌（我给你拍的很多照片都是模糊的，或者是远距离拍的，因为你很难站在那里不动，让我有足够的时间追上你，给你拍照），但是对于你感兴趣的事物，你的专注力令人印象深刻。

我学到了什么：（是的，大人也需要学习，老师也一样，老师更需要学习）你和我有一些共同之处，我们都喜欢找出事情发生的原因，都爱解决问题。这星期我学到了一个新概念，就是游戏图式。"如果某人喜欢做一件事，那么他很可能喜欢反复做这样的事情。"游戏图式是这一句话的时髦且大气的说法。找到一些既能让你沉浸其中，又能保证你和朋友安全的有趣事情，就像变魔术一样。我还在继续寻找一些很棒的点子与你分享。我们会学到很多东西，也会玩得很开心。

机会和可能

下一步我们可以尝试什么：我发现你常常出现在泥工桌那里，又切

图 5.1（续）

又擀，塑造着各种作品。你喜欢在玩黏土时运用一些大动作，如扔黏土、踩黏土。这些事情很好玩，但是对我们这间小小的教室来说，这些活动幅度太大了，也不是好好使用黏土的方式。我计划把红色黏土拿到户外，再带上一些小木槌，这样你就可以尽情地捶打、踩踏和扔黏土了。

每次洗手时，你都喜欢用一大堆肥皂洗其他东西，如洗手池、肥皂盒、地板、你的头发。我们班的一个规则就是不能在洗手池里玩水，但我想找到一种可以把"不能"变成"可以"的方式。趁现在天气还暖和，我计划带一些泡沫洗手液到户外，把它们放在水泵旁边，再准备一些抹布和海绵，这样你就可以洗所有你能拿到的东西，甚至你的头发。

图 5.1（续）

在"我看到什么样的学习正在发生"部分，凯莉就所发生的学习之意义进行了分析。凯莉的分析分为两个部分：①对雅各布的学习进行反思；②对自己的学习进行分析。这种将自己纳入分析内容的做法，体现了全美幼教协会发布的《促进公平的早期教育》立场声明中关于儿童发展与学习的第十条原则——"实现公平教育机会，反思性实践必不可少。自我觉察、谦逊、尊重和自动自发地学习是成为一位能够公平、有效地支持所有儿童及其家庭的教师的关键"（2019，p. 13）。

凯莉在学习故事里是这样体现自我觉察的，她写道：

我学到了什么：（是的，大人也需要学习，老师也一样，老师更需要学习）你和我有一些共同之处，我们都喜欢找出事情发生的原因，都爱解决问题。这星期我学到了一个新概念，就是游戏图式。"如果某人喜欢做一件事，那么他很可能喜欢反复做这样的事情。"游戏图式是这一句话的时髦且大气的说法。找到一些既能让你沉浸其中，又能保证你和朋友安全的有趣事情，就像变魔术一样。我还在继续寻找一些很棒的点子与你分享。我们会学到很多东西，也会玩得很开心的。

探究小组的反思过程支持教师围绕自己的学习和儿童的学习进行分析，并为教师提供了深入反思自己的教学和实践的机会，有助于他们解决问题，看见儿童的兴趣和优长，以及进一步支持儿童的学习和成长。它是一个促使教师前进，努力为所有儿童争取全纳且公平的教育机会的渠道。它为教师提供了一种方式来发现自身的偏见或有待发展的领域，并用谦逊的态度承认自己也是学习者。凯莉用行动履行了全美幼教协会提出的责任（见下文），即通过自我反思来消除自身的偏见：

早期教育工作者运用全纳式教学方法，就表明他们尊重多样性并重视所有儿童的优长。通过为自己的偏见给师幼互动以及家园互动带来的任何负面影响负责，早期教育工作者能够树立谦逊和自动自发学习的榜样。他们要努力确保所有儿童都能公平地使用学习环境和材料，都能公平地与教师、同伴互动，从而帮助儿童茁壮成长。早期教育工作者要能够识别和支持每个儿童的优长，通过个人和集体反思避免偏见——显性的或隐性的——这些偏见可能会影响他们做出与儿童有关的决策。（NAEYC，2019，p.5）

继续学习故事之旅：林赛的故事

在写完学习故事并与探究小组成员分享之后，凯莉通过电子邮件把这个学习故事发给了早期开端计划专业发展指导师和探究小组联合引导者林赛，并请她给予一些反馈。林赛决定给凯莉写一个题为《有挑战就有胜利：对＜解谜题，找答案＞的回应》（见图5.2）的学习故事来回应她。在这个学习故事中，林赛指出了凯莉作为终身学习者所具有的谦逊态度，对她写作风格的积极性进行了思考，还就继续支持雅各布的学习和成长提出了一些"可能"或计划。

有挑战就有胜利：对《解谜题，找答案》的回应

作者：林赛　时间：2019 年 11 月 12 日　学习经验

凯莉：

　　你把自己的故事发给我，这对我来说意义重大——你应该进行分享，也应该对这个故事感到满意！关于这个故事，我也有很多东西想要与你分享。谢谢你耐心地等待我构思我的回应。我想向你致敬，并给予你和这个故事应得的关注和重视。

　　首先，你给故事起的名字立即吸引了我，让我想要进一步阅读。总的来说，你的写作风格非常吸引人，并且有一种让我很喜欢的难以形容的"气质"。你找到了一种方式来谈论一段不仅对你和雅各布而且对整个园所来说都充满挑战但不断尝试的时光，你用真实的、基于优长的和诚实的方式娓娓道来。学习故事有助于你把遇到的挑战写出来，但找到讲述这类故事的风格有时很棘手。我很赞同你的反思，也觉得你找到了讲述风格。

　　故事一开始，当你提到雅各布"有一颗爱心，脸上总是挂着微笑，对一切事物都葆有永不满足的好奇心"时，你就在为他建构一个积极的学习者形象。

　　你已经找到了一种用自己的语言描绘一幅画面的方法，这幅画面真实而准确地呈现了雅各布的行为以及你与他的共同经历，同时体现了一种基于优长的态度。

　　通过撰写整个过程，你带领读者踏上了过去几周你走过的旅程：从你观察到了什么，到请求其他教师提供建议，再到尝试诸如提供管道、牛奶箱、积木和在箱子上系绳子之类的新策略。

　　我特别喜欢你对雅各布的学习所做的解读，而且，你的解读还拓展

图 5.2　林赛写给凯莉的学习故事

了你自己的学习，是的，教师也是一直在学习的！我发现这种解读方式（把解读分为两个部分）令人耳目一新、激动人心，又具有创造性和变革性。

林赛

我看到什么样的学习正在发生

当我读这个故事时，我的心里充满自豪、兴奋、喜悦和深深的感激之情，为你，为雅各布，为你们共同走过的这段旅程。你在这个故事中表达了你作为教师和人的脆弱性，这一点令我敬佩！

10月底那次聚会之后，说实话，我有点担心当时我是不是太严厉了。然后，我就收到了这个美好的学习故事，它不仅写了你和雅各布每天共处时面临的挑战，还写了你们取得的胜利。我非常感谢你能够接受建设性的、积极的反馈，并迅速有效地对雅各布实施有关策略。我也很感激我们能够一对一地进行反思，并分享这几周来各自的观点。

机会和可能

凯莉，我正在整理一份"艰巨的任务"资源清单（见附件），它包含一些新点子和想法，可以激发你和雅各布的好奇心，支持你们一起在教室里进行探索。我还会继续与你分享我对儿童游戏图式的了解和我知道的相关资源，并和你一起反思儿童不断变化和发展的兴趣。

图 5.2（续）

林赛在探究小组中分享故事

林赛围绕凯莉和雅各布的故事所进行的反思，为她提供了拓展自己学习的机会，也促进了她作为专业发展指导师与凯莉之间的互动。她决定把自己写的学习故事以及凯莉的原作一起与她的探究小组成员分享。

小组成员又提出了一些新的疑问，供林赛和凯莉思考。以下是这次探究小组会议纪要的部分内容。

> 在普莱瑟县和内华达县探究小组会议上，林赛分享了学习故事——凯莉撰写的学习故事《解谜题，找答案》，以及林赛作为指导师对这个故事的回应《有挑战就有胜利：对〈解谜题，找答案〉的回应》。

- 对这两个学习故事的总体反馈是，凯莉的目标是重新审视她与雅各布之间的关系和互动，专注于儿童的优长和她自己的成长，并根据她对儿童的兴趣和心智倾向、图式的观察来改变班级环境、材料和活动，从而帮助儿童获得积极的体验。林赛的回应也是围绕凯莉的学习进行的，包括她观察到凯莉在哪些方面获得了成长，以及她作为早期开端计划管理者本身也获得了成长。

- 小组讨论和反思的主要焦点如下：
  ◇ 林赛和教学团队之间的互动是如何被纳入林赛所写的学习故事里的？
  ◇ 这个故事是如何把给教师的个性化反馈，而不是常见的"通用型反馈"纳入其中的？而且，新西兰毛利文化中的概念"Ako"——每个人都既是教师又是学习者——也在这个故事中有所体现，因为林赛既写到了自己，又写到了教师和儿童。此外，这个故事还体现了一个"平行过程"，即"林赛给教师写故事"和"教师给儿童写故事"。
  ◇ 这个故事是用热情写就的，而且林赛使用了"我们"来讲述故事，而不是"我"或"你"，这代表着她们一起经历了这一切。大家都认为这两个故事可以作为教师专业成长的证据。
  ◇ 向分享者提出的疑问："在为成人/教师写学习故事时，所需的基本人际关系元素是什么？"林赛给出的回应是：信任、风险、熟悉、慰藉、自信、真实、诚实、对反馈持开放的态度等。同时，要"我笔写我心"，言由心生。

基于在探究小组会议上收到的反思和反馈，林赛再次行动起来，与凯莉分享了小组会议上大家提出的疑问，以下是她们对话的部分内容。

林赛：探究小组成员被《解谜题，找答案》学习故事中的"我学到了什么"部分深深吸引。他们想知道是什么启发了你，让你不仅解读雅各布学到了什么，还把这一块内容加入你的学习故事中。

凯莉：小时候，我总是觉得成人什么都知道；长大是一个令人生畏的目标——"我将如何从小孩子长成大人呢？"我相信，告诉孩子们老师也需要学习、老师也会感到困惑、老师也有情绪不好的时候，是很重要的。我想，我们应该与孩子们共享学习的过程，告诉他们："我不知道答案是什么，让我们一起去寻找答案吧！"我们尤其要承认自己的失误，并在做错时道歉。

此外，我还知道，借由学习故事，我可以与家长分享儿童在游戏中学习的各种细节。不过，我也意识到，家长会阅读这个故事并有自己的感想。作为一名年轻的母亲，我女儿的老师让我有点自卑，因为对于每一件事情，她知道的似乎都比我知道的多得多。通过分享我持续学习的过程，我希望雅各布的妈妈能看到，我们是一个团队，肩并肩，共同关心着我们都深爱的孩子，并在实践中学习。

林赛最后的反思如下：

最初这个有关"如何支持某个儿童"的疑问和挑战，变成了一段探究与合作旅程，其探究和合作没有止步于雅各布和凯莉这里。在这之后，凯莉和金吉尔给雅各布的妈妈普丽希拉写了学习故事，称赞她作为家长发挥的重要作用和做出的重要贡献。

下一段旅程

凯莉与雅各布的这段学习故事之旅起因很简单。它始于凯莉想要更好地了解学生，知道可以如何支持他，以及更好地了解作为教师的自己。在这段旅程中，其他参与者的声音也加入进来，包括：金吉尔，普莱瑟县和内华达县探究小组，林赛及她所在的学习故事促进者探究小组，以及雅各布的妈妈。探究没有停止，它还在发展。每一个声音的加入，都让反思和成长的机会不断扩大。每个探究小组都提供了一种让各种声音能够被听到的渠道。在第六章中，凯莉的学习故事之旅继续进行。

拉斯美洲探究小组

我们在前面几章中提到，拉斯美洲探究小组已经运行多年。这个探究小组鼓励教师探索更多的真实性评价方式，从而捕捉儿童的学习。这样的探索促使他们发现了"学习故事"在记录和关注儿童的优长、技能、心智倾向以及梦想方面所具有的力量。例如，在与移民儿童一起探索"家庭"这个概念时，他们意识到让儿童接触与他们的文化相适宜的文学作品非常重要。尽管教室图书区里有一些西班牙语和英语书籍，但没有一本描绘那些为了追求美好未来而背井离乡的移民家庭的现状和复杂心理。通过寻找新书，教师有机会和孩子们一起从他们的视角出发且立足于他们的优长而不是需求来探究这个可能有点敏感的话题（移民）。

教师们决定从图书馆借一些能与儿童自身的移民经验产生共鸣的书籍。其中，一本是西班牙语和英语双语书，名为《枕头里的电影》（*A Movie in My Pillow*），作者是乔治·阿格塔（Jorge Argueta），一位来自萨尔瓦多的作家。孩子们很喜欢这本诗集，诗集的主人公是小乔吉托，他住在旧金山一个以拉美裔为主的社区里。不过，他没有忘记祖国萨尔瓦多，他描写了家乡萨尔瓦多的东西，比如普普沙。它是一种萨尔瓦多传统美食，在厚玉米饼里包入豆子或奶酪制作而成。他梦想可以再次品尝到它。他也描述了他在新的国家里学到的东西。

在其中一首诗里，他写了他是如何学说英语的，但是他的梦想是会说纳尔瓦特语，这是他祖母的民族皮皮尔人的母语。儿童和教师了解到，皮皮尔人是萨尔瓦多的原住民族之一，说纳尔瓦特语言。我（伊奥罗）说，我们的学校就坐落在诗集作者和诗歌的主人公居住的旧金山。与这本诗集中的乔吉托一样，这个班里的许多儿童都拥有关于他们祖国的"记忆"。阿格塔的诗集激发了孩子们和教师们的创造力与想象力。例如，很多年前，凯伦的祖父母从秘鲁移民到美国。根据凯伦对秘鲁家人的记忆，教师们撰写了学习故事《凯伦祖父母心中的秘鲁》，并通过这个故事捕捉凯伦所拥有的知识、技能、心智倾向和梦想。凯伦和其他儿童的故事都是用西班牙语写的，然后被翻译成英语。

一些儿童能自信地用英语表达自己的想法，不过，他们的想法越复杂，他们就越愿意选择说自己的母语——西班牙语。我在探究小组会议上分享了这个发现，当时我们正在讨论凯伦是如何在班里谈论秘鲁的。凯伦说话时常常在西班牙语和英语之间进行转换，有时候她说英语时看上去更加自信。在一次用英语和凯伦进行交谈时，教师们了解到，凯伦的祖父母在城里开了一家售卖拉丁美洲纪念品的商店。凯伦告诉大家，她的祖父曾坐飞机回到秘鲁看望他的家人、朋友和亲戚。凯伦说她也很想去秘鲁，因为那里有很多表兄弟姐妹，她想见他们，和他们一起玩。在一次小组活动中，凯伦画了秘鲁风格的房子，并用西班牙语描述道："在秘鲁，房子是彩色的，有红砖做的屋顶。房子的形状是正方形的，有些房子的屋顶是三角形的。"

作为探究型教师（Meier & Henderson，2007；Meier & Stremmel，2010），早期教育工作者常常试着从儿童分享的故事中发现意义。在和凯伦祖母的交谈中，我（伊奥罗）了解到，凯伦从来没有去过秘鲁。通过与其他教师一起反思凯伦的绘画作品和口述故事，我们都认为她表现出对自己身份的好奇，并对那个只能从祖父母的故事中了解的遥远国度着迷。凯伦想象秘鲁的房子是什么样子的，并觉得有必要通过一幅绘画作品纪念一下她的兴趣。作为拉斯美洲早期教育学校的教师，我们认为自己有责任主动探寻如何将儿童家庭的故事纳入幼儿园的课程。

在凯伦的心中，秘鲁的房子都被刷上了鲜艳的颜色，周围种满鲜花，这是她决定用丙烯颜料在画布上作画的原因。在凯伦的想象中，她看到一架飞机带着他的祖父飞往秘鲁，于是一架飞机成了她画作的突出特征。后来，凯伦还请求教师在班上读一本有关秘鲁的书给大家听。我们的课程因此深受凯伦和其他儿童的想法的影响，从他们的想法中我们可以了解他们想要在班里学些什么；教师则变成他们的伙伴，抓住多种机会和可能拓展他们的学习。

伊奥罗的反思

通过寻找能够反映儿童的家庭故事的书籍，我们意识到，我们在保护儿童的西班牙语方面发挥着关键作用，因为西班牙语关乎儿童的家庭、文化和传统。如果儿童在努力学习英语的过程中失去了说西班牙语的能力，他们就有可能失去一个与自己的文化传统相连的重要机会（Edyburn，Quirk，& Oliva-Olson，2019；Magruder et al.，2013）。在我们班上，我们看到第二代移民（这些儿童的父母是第一代移民）在学习简单的西班牙语时遇到了很大困难，他们在与同伴和兄弟姐妹进行社会互动时更愿意说英语，说英语让他们感觉更自在。即便父母与他们说的是西班牙语，一些儿童也是用英语做出回应。对于只会说西班牙语的祖父母，情况则更糟糕，儿童不会努力用西班牙语交流，或者以非常有限的方式交流。

同班教师的反思

这个班级项目对儿童有什么益处？

这个项目对儿童的益处是，他们不仅能够对同伴的家庭有所了解，还能知道家庭有很多种。例如，有的孩子有两个家，因为父母离婚了。儿童还能够学习接纳和尊重其他儿童的经历。

——撒哈拉

这个项目对儿童的益处是，他们对自己的父母有了更多了解。他们认识到，他们现在所在的这个国家与他们父母的祖国之间有很大差异。他们也了解了不同的美食和传统，更重要的是，他们知道在其他地方和其他国家住着他们的祖父母、叔叔、阿姨、表哥、表姐。通过这个项目，他们得知自己拥有一个大家庭，虽然他们无法亲自去看望他们。

——艾丽西亚

这个班级项目对教师有什么益处？

对我们的好处就是，我们了解了自己所服务的这些家庭是从哪里来的，更清楚地认识到儿童的行为与他们的家庭成员有着怎样的关联。我们对儿童的家庭故事有更多的了解，就能更好地理解他们。当困难的局面出现时，我们能够更从容地应对。同时，当家长和儿童有需要时，我们也能够提供适宜的支持。

——撒哈拉

对教师的好处就是，我们能够在某种程度上帮助家长融入这个国家。在更为个人化的层面认识这些家庭，让我们对他们的过往有了更多了解，这样我们就能更好地支持他们孩子的学习。通过了解他们来自哪里，以及他们是怎么来到这里的，我们消除了一些障碍和假设，并携手合作，共同为孩子们的教育提供支持，而这里的教育可能与他们自己祖国的教育不太一样。

——艾丽西亚

总的来说，在这个项目进行的过程中，以下疑问浮现出来：
> 同时支持儿童学习英语和母语的最佳方式是什么？
> 在儿童所处的学业环境中，移民家庭的家长最看重哪种语言？
> 在保护母语方面，家庭的作用是什么？
> 故事和回忆在早期教育中扮演着什么样的角色？

作为双语学习者的教师，随着工作进入新阶段（当时是我们班被官方指定为双语班的第二年），我们意识到我们有责任帮助儿童及其家庭发现西班牙语的价值和美好。西班牙语应被视为有助于儿童取得优异的学业成绩，也有助于我们丰富儿童的学习经验以及支持儿童的社会性和情感表达的工具。全美幼教协会要求教师积极地促进儿童的主体能动性，特别是要"为每个儿童提供丰富又吸引人的游戏机会，以及在计划和实施活动过程中做决定的机会"（2019，p. 7）。探究小组成员们所撰写和讨论的学习故事反映了如何实现全美幼教协会提出的许多目标，从而让儿童可以在很小的年纪就开始探索他们是谁以及"自己"的价值。全美幼教协会的立场声明还提倡公平地对待所有儿童，尊重儿童是出色的、有能力的学习者——"他们（教师）可以通过帮助所有儿童体验到回应式互动来创设具有公平学习机会的环境，以培养儿童的社会性、情感、认知、身体和语言的全面发展；这样的环境也反映和示范了公平和正义的基本原则……"（NAEYC，2019，p. 5）。

本章小结

总之，我们敦促早期教育从业者将全美幼教协会发布的《促进公平的早期教育》立场声明纳入自己的实践。我们坚信，运用学习故事的早期教育工作者能够在观察、记录和评价儿童的学习与发展方面履行以下职责。

> 识别出在观察、记录和评价儿童的行为、学习或发展时，可能影响你判断力的自身文化因素。
> 把某个儿童的挑战性行为或让你困惑的行为当作一次探究的机会。思考，儿童的这些行为如果发生在与你自己的文化背景或者与你所在机构的文化背景截然不同的场合，比如儿童的家里或者所在社区，是不是就不成问题了？你如何调整自己的期望和学习环境，以便将每个儿童的文化特性纳入进来？
> 从社会和结构的角度进行思考：贫困、创伤、不平等和其他不利条件如何影响儿童与他们所处世界的对话和回应？你如何帮助每个儿童发展韧性？
> 运用真实性评价，力图发现儿童的优长，并提供有关儿童全面发展的图景。
> 对于母语非英语的儿童，尽可能用儿童的母语进行评价。
> 如果你被要求使用一种尚未被证明适用于这个儿童的特点且能对其进行可靠或有效评价的评价工具，你就需要认识到此评价结果的局限性，并尽力避免在高风险决策过程中把它们当作关键要素。
> 聚焦于儿童的优长。
> 发展从儿童的视角观察这个儿童所处环境的能力。
> 改变自己的行为以支持某个儿童，而不是期望那个儿童首先做出改变。
> 认识到我们通常更容易把儿童和同伴比较，发现他们不能做什么，而不是看到这个儿童在特定的情境中能够做什么（或在他人的支持下能够做什么）。

早期保育和教育专业人员需要具备勇气和奉献精神，才能实施全纳、公平的教育实践，而这样的实践反映了对多样性的尊重，亦重视所有儿童的优长和能力。学习故事不仅给教师提供了近距离观照儿童学习的机会，也让他们可以聚焦于自身的学习。学习故事提供了一条创新的路径，通过打动人心的故事，向教师、儿童、家长和社区发出的多元声音致敬。学习故事探究小组提供了可以从多元视角进行反思的时间和空间。这个过程让教师可以反思他们是谁以及他们重视什么，同时强化他们作为专业人士的身份认知。

作为早期教育从业者，正直、诚实和投入地工作是你的职责。正如上文所列的建议，在开始观察、记录和评价儿童的学习时，你必须内观自己，以"识别出在观察、记录和评价儿童的行为、学习或发展时，可能影响你判断力的自身文化因素"（NAEYC，2019，p. 8）。教师必须积极地促进儿童的主体能动性，特别是要"为每个儿童提供丰富又吸引人的游戏机会，以及在计划和实施活动过程中做决定的机会"（NAEYC，2019，p. 7）。在探究小组中深入地研究学习故事让我们看到如何实现全美幼教协会在立场声明中提出的许多目标，从而让儿童在很小的时候就开始探索他们是谁以及"自己"的价值，与此同时，教师也在继续着作为终身学习者的平行之旅。

关键点

> 尽管学习故事通常撰写和聚焦的是儿童的学习经验，但它不仅对儿童有益，其中的故事讲述者、儿童和家长的声音都为他们彼此之间建立深入而真实的联结提供了机会。此外，通过探究实践，每一位学习故事贡献者的价值观都会在他们对儿童的回应中呈现出来。

> 探究小组会议每次都有固定且灵活的流程，包含两个目标：分享学习故事以及讨论和分析与学习故事相关的文章。

> 探究小组遇到的一个重大挑战是如何支持那些与教师的文化背景不同的儿童，成员们需要共同学习如何借助学习故事为这些儿童提供支持。

第六章

家庭参与和学习故事：融入多元声音

> 讲述它们（我们的故事），就是在互相讲述人类的故事。在这个充满人性的地方，触动人心的故事唤醒我们，并再一次把我们像一家人那样联结在一起。
>
> ——蕾切尔·娜奥米·雷门（Rachel Naomi Remen，1996）

从反思开始

> 学习故事如何强化教师与家长的关系？
> 怎样使用学习故事来促进家长参与儿童的学习？
> 有关学习故事的哪些策略可以将多种声音和多元视角纳入进来？

关乎儿童的评价实践常常把多元声音排除在外。儿童的学习与发展结果往往来自教师的观察，缺乏家长的意见。家长通常是评价报告的接收者，而不是主动参与的合作者和有价值的贡献者（Curtis & Carter，2017）。偶尔，教师会邀请家长在家里实施一些活动来支持儿童的学习。不过，这样的事情通常发生在教师评价儿童之后，而儿童在家里的学习没有被纳入评价中。因此，对儿童学习的一面之词常常左右着儿童评价报告的结果。然而，包含了多种声音且能反映儿童的园外学习的评价实践是非常必要的。学习故事为各方参与者提供了共同反思儿童的学习经验、优长和心智倾向的机会，儿童则作为学习者参与并真实体验着这个过程。将多种声音纳入进来，也有助于教师通过不同的视角从整体上了解儿童在不同环境中的学习情况。将儿童、家长和其他家庭成员的声音纳入进来，是学习故事及其作为一种评估方法的核心（Carr & Lee，2019）。

本章收录了通过给家长写学习故事来激发家庭参与的实例，这些学习故事的作者分别是：一位儿童的监护人，加利福尼亚州一所社区大学早期教育部和实验学校的教师们，以及夏威夷一所社区大学里写了多年学习故事的教师们。

学习故事让教师不仅有机会了解他们所照护的儿童，还能了解家长是如何看待孩子的学习的，两者同等重要。学习故事因而成为一条通道或为教师提供了一个框架，让他们可以表达对儿童的深切关怀，同时作为回报，家长也会与教师分享他们对孩子的爱、期待和梦想。学习故事帮助教师超越肤浅的关系，与儿童家长建立更深层次的联结和更有力量的关系（Hatherly，2006；Southcott，2015）。

教师渴望与家长建立深入且有意义的关系，想要寻找与家长建立联结的创新方式。然而，时间不够用仍然是实现这些愿望的一个障碍。家长身上的多种角色相互撕扯，导致他们经常被压得喘不过气来，他们必须努力平衡工作、学校和家庭的责任。教师也同样因日益增加的工作责任而感到时间不够用，例如使用非常耗费时间的评价方法。尽管面临这么多挑战，教师仍然需要通过分享学习故事创造性地寻找邀请家长参与对话的策略。教师要深入思考与家长分享学习故事并共同反思的策略。以下是利用学习故事促进家长参与的一些方法。

> 通过电子邮件给家长发送儿童的学习故事，并寻求家长的即时回应。

> 在给家长发送学习故事的同时，附上一句邀请家长回应的话，比如，"嗨，我想与您分享一个我为您的孩子撰写的学习故事。我很想知道，您在家中有没有看到类似的学习？"

> 在定期举行的一对一家长会上，把你"最喜欢的"一个学习故事读给家长和孩子听。

> 在家长会上留出时间，让家长阅读写在纸上的有关他们孩子的学习故事。
> 带领孩子在班里烤制一些小蛋糕，早上家长送孩子来园时，把小蛋糕放在一个小矮桌上，同时在桌上陈列孩子们的成长档案和一块提示牌，上面写道："欢迎品尝孩子们自己做的小蛋糕，找找您孩子的成长档案，并和您的孩子一起读一读最新的学习故事。"
> 在进班签到处放置一块移动展板，并在上面展示一些学习故事。
> 在班级入口、楼道或洗手间这类人员流动较多的地方，展示用相框装裱过的学习故事。
> 在晨会或小组活动时间，在温馨舒适的区域，在户外或接待区，分享学习故事。
> 在每月的《家长简报》中分享一个新写的学习故事。
> 为儿童、家长和社区成员创设一个家庭区，并在里面放上舒服的沙发或椅子，让他们阅读收录了学习故事的儿童成长档案。
> 把纸质成长档案放在教室里容易让家长和儿童拿到的地方。

虽然这不是一份详尽的策略清单，但它提供了一些可能的方式，有助于你通过学习故事吸引家长参与儿童的学习。不管使用哪种策略，至关重要的是，教师在运用电子成长档案或其他电子方式分享学习故事的同时，都需要仔细思考让儿童获取纸质成长档案的重要性。它们不能相互取代。电子成长档案是一个供教师与家长互动和交流的很好的工具。2013 年，新西兰关于使用电子成长档案的一份研究表明，父母对孩子的学习情况有更好的了解，这增加了他们与教师互动的信心，也促使他们更有兴趣与教师谈论学习故事（Higgins & Cherrington, 2017）。此外，教师还需要为儿童提供纸质成长档案，以便儿童一遍又一遍地重温它们。纸质学习故事是一个宝贵的物品，值得后代珍藏。

人际关系的建立

对故事讲述者来说，撰写学习故事是一种充满力量的体验。另外，与家长分享故事以及与家长合作能够重塑和改变人际关系。在第五章中，我们分享了凯莉撰写的学习故事《解谜题，找答案》。凯莉与探究小组成员分享了这个学习故事，然后在小组成员的启发下，故事得到了拓展，向前迈进了几步。接下来，我们将讨论这个故事的后续发展，包括凯莉是如何与雅各布的家长沟通、交流的。

在第五章中，我们提到，早期开端计划专业发展指导师和学习故事探究小组的引导者林赛也写了一个学习故事《有挑战就有胜利：对〈解谜题，找答案〉的回应》来回应凯莉，并把故事与她所在的学习故事促进者探究小组的成员进行分享。小组成员们决定向凯莉提出一些疑问，以帮助她更深入地理解这个学习故事。

小组成员就这个故事的主题询问了凯莉的个人经历。请注意，每个探究小组都应该自行决定采用哪种方式向故事作者提出私人问题。在这里，林赛根据自己与凯莉之间的亲密、信任关系，决定通过电子邮件把以下问题发给她。

学习故事促进者探究小组提出的疑问如下：

> 凯莉的女儿在幼儿园里是否与"更有见识"的教师在一起，并拥有积极的经验？

> 凯莉女儿的经历与雅各布的经历相比，结果怎样？她有机会活跃玩耍，还是身处一个常常对她说"不"的环境？她受到限制了吗？

> 凯莉自己的成长经历是怎样的？

换句话说，雅各布、凯莉和凯莉的孩子有相似的经历吗？成人给他们提供的是可以活跃玩耍的环境，还是有更多限制的环境？

要想回答这些疑问，凯莉必须结合自己作为家长的个人经历来反思这个故事。她的回答表明，她小时候是一个富有冒险精神的孩子，与雅各布一样有活跃玩耍的需求。她还谈到了作为家长，她与一位在她看来更有见识的教师之间的互动经历。

凯莉的回答如下：

在成为幼儿教师之前，我的早期教育经验主要来自我的女儿莫莉，以及她在一所市立幼儿园里的时光。莫莉还是婴儿的时候就接受了心脏移植手术，她很小的时候并没有太多机会和其他孩子接触，因为她被抑制的免疫系统使她的身体很容易被感染。随着入学年龄的临近，我希望她在上小学之前有一些社交机会。于是，我把她送入了一所幼儿园。她是一个安静、认真、爱沉思的孩子。她的老师专注于让她从自己的世界里走出来，支持她进行社会交往。我被这位老师吓到了，但她很友善，不仅支持我们，还非常关心我和莫莉。我的不自信来自贫困的经济状况、没有受过良好的教育以及不知道如何养育一个身患重病的孩子。尽管我们拥有斯坦福提供的最好的医疗资源，但对于日常的育儿工作，我几乎得不到家人的支持和指导。我每天都忙忙碌碌，但不知道自己做得对不对。我很热爱早期开端计划项目，如果我们之前可以参与这样的项目，我们这个小家庭的整个轨迹就会改变。

孩提时代，我们骑着小自行车，在家附近学校的操场上玩很长时间；我们忙着想办法用旧降落伞的绳子把彼此拉到1.5米高的平台上，而不是沿着台阶走上去，然后像蝙蝠侠一样从一边用绳子降下来。不要告诉妈妈……我希望自己在育儿的过程中也给了孩子这样的自由，但是，当这样的自由有可能给孩子带来风险时，我就是一个很保守谨慎的妈妈了。我怀疑这是孩子的严重疾病给我带来的焦虑……永无止境地成长，是我之所以喜欢教学的众多原因中的一个。儿童向我学习，我也向他们学习，我们一起学习。

凯莉与学习故事促进者探究小组互动的经历，让她想到可以直接给雅各布的妈妈普丽希拉写一个学习故事，起名为《爱生长的地方》（见图6.1）。凯莉说，她写这个学习故事的时候，早期开端计划项目刚开始使用某个电子平台撰写学习故事，但还无法通过电子化的方式与家长分享。因此，凯莉通常把学习故事打印出来，把它放入儿童的成长档案里。此外，对于她非常"喜欢"的学习故事，凯莉还会多打印一份，在家长来接孩子的时候与他们分享，这样他们就能把故事带回家阅读了。不过这次，凯莉想换一种方式与雅各布的妈妈分享这个学习故事。她决定把这个学习故事大声"读"给普丽希拉听，而不是通过电子邮件把故事发给她，或把纸质学习故事交给她。这次的经历让人非常感动，普丽希拉听到故事后哭了。

这个写给家长的学习故事就像一条线，不仅串起和强化了雅各布、他的妈妈普丽希拉和凯莉之间的关系，还将园区主管金吉尔连接起来。这个学习故事很明确地传达了教师对家长的尊重、重视和深切关怀，这为他们之间交流彼此的感情创造了机会。教职工和家长之间的关系还在持续深化。几个月后，随着金吉尔对这个故事进行反思以及她有了更多的时间了解普丽希拉和雅各布，她也给普丽希拉写了一个学习故事（见图6.2）。这一简单的行为进一步强化了这个家庭与早期开端计划教职工之间的关系。

爱生长的地方

作者：凯莉·罗　　时间：2019年11月25日

亲爱的普丽希拉：

当我们看到孩子们在教室里表现得很棒时，我们通常会为孩子们撰写学习故事。但是，我觉得，我们在观察雅各布的行为时，也在他身上看到了你。当我们看到雅各布极其温柔体贴地照顾班里比他小的孩子，

图6.1　写给家长的学习故事

紧紧地拥抱哈利,以及安静地照顾布娃娃们时,我们看到的是他正把自己在家中看到的关爱行为表现出来。离园时间,当我们看到他的姐姐跑进来接他,你们在忙碌的一天后高兴地重聚时,我们看到的是一个温暖的家庭。

雅各布上周来到幼儿园时脸上有很严重的擦伤,是他姐姐在背着他来幼儿园的时候摔的。我们不得不打电话告诉你,他鼻子上的伤看上去很严重,可能需要让医生检查一下。你很想马上来接他,但是你不能,你必须等到接你的所有孩子时才能来。

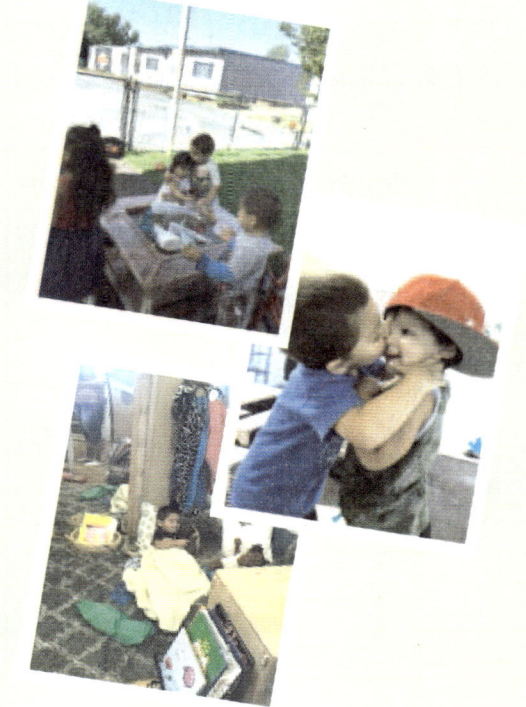

当你来到幼儿园时,你告诉金吉尔(园区主管)和我,雅各布的姐姐把雅各布摔伤了,这让你很生气。我们急忙安慰你:他的姐姐是好心,意外难免会发生。我知道这些道理你都明白,你只是心疼雅各布,后悔自己没有预见到他会摔下来,没能保护好他。

我想,我永远不会忘记你看着我平静地吐露心声的那一刻——"我可能太依赖他们了,但我就是我们所拥有的一切。"

你说:"我就是我们所拥有的一切。"你没有说,"我是独自一人"。你也没有说,"我是他们所拥有的一切"。在那一刻,我感受到了你肩上的重担和你对孩子深深的爱。我觉得,你是你们这个亲密小部落的首领,你们在一起。

图 6.1 (续)

之后的那一周，我去家访，听着你平静地向我诉说你刚开始独自养育孩子的那些日子，我非常心疼你。你要照顾一个刚出生的宝宝，要设法帮助雅各布理解爸爸为什么不在身边。在孩子们因生命中失去父亲而哀伤时，是你撑起了整个家。在你向我诉说时，我再一次感受到，你最为关注的是你的孩子们，而不是这些事给你带来的打击。

当妈不容易，没有人能确切地知道以后的日子会怎样。但我知道一件事，那就是，你的孩子们被浓浓的爱包围着，最为重要的是，他们知道他们被爱着。这为他们探索和认识世界提供了一个美丽而坚实的基础。

我当老师很长时间了。我跟很多家长打过交道，但是我从来没有见过一位妈妈像你这样坚强、专注和无私。我很高兴有机会看着你爱你的孩子们。

凯莉

图 6.1 （续）

金吉尔写给雅各布和约瑟夫的妈妈普丽希拉的一封信

作者：金吉尔（园区主管）　时间：2020 年 6 月 23 日星期二

亲爱的普丽希拉：

在过去一年里，我们认识了你和你的家庭。从你与孩子们的互动中，我可以看出你对家庭的奉献。你平和、耐心、善解人意和灵活变通。当你不在孩子们身边的时候，我看到他们关爱他人，与他人共情。这些技能是孩子们通过看他人示范何时、何地、如何以及为何运用它们而学习到的。我很清楚你的孩子们是从哪里学习到这些生存技能的。

图 6.2　写给家长的后续学习故事

在我们今天的交谈中,你提到,如果你在 17 岁的时候有我们(早期开端计划项目)在身边就好了。那样,你会比现在更懂得怎样育儿。尽管我很感谢你的美好称赞,但我还是想说说你在加入我们的大家庭之前已经实现了什么。你养育了几个孩子,他们彼此关爱,好奇心很强,拥有足够的安全感去探索和体验生活。他们不会让世界对他们说"不",因为他们有强大而无限的决心和意志。

你与我们分享的这些家庭照片就说明了一切!我要感谢你分享这些家庭生活照,期待着看到更多的照片。

金吉尔

图 6.2 (续)

这些关系之弦不会被轻易折断。教师、管理者、家长和儿童所表达的深切关怀与爱,把每一根关系之弦紧密地编织在了一起。这就是家庭参与和伙伴关系的全部意义所在。接下来,我们将展示在实践共同体中通过学习故事促进家庭参与的另一种模式。

实践共同体:文图拉县教育办公室

通过分享学习故事,教师们谈论了他们与家长的关系,以及学习故事如何促使他们与孩子建立更深层次的联结。

——文图拉县教育办公室技术支持专家 洛雷娜·拉莫斯

2019—2020学年，一个由新手幼儿教师和有经验的幼儿教师组成的探究小组聚集在文图拉县教育办公室，一起了解学习故事。这个学习故事探究小组由我（安妮·怀特）和文图拉县教育办公室的洛雷娜·拉莫斯共同引领。大部分组员都是第一次接触学习故事。大家从了解学习故事的构成元素开始，开启了探究的旅程。与本书前几章介绍的那些探究小组一样，这个新的学习故事探究小组也有自己的会议结构以及收集、分享记录文档的策略，同时他们也一起练习撰写学习故事。

教师们每月聚会一次，复习、回顾学习故事的组成部分，并逐渐撰写学习故事以促进他们对这一过程的认识。首先，探究小组阅读相关文章和学习故事实例，并围绕《实践中的学习故事》（*Learning Stories in Practice*，Margaret Carr & Wendy Lee，2019）一书中的相关话题进行深度讨论。这种深入的图书研读活动，不仅促使教师们每月讨论书中的一章内容，还促使他们进一步反思和分析彼此撰写的学习故事。经过几个月对学习故事理论的扎实理解，教师们开始撰写和分享更多的叙事性故事，并相互提出建设性反馈，以磨炼自己的学习故事撰写技巧。

在教师们撰写的学习故事中，有一条共同的线索浮现出来，那就是聚焦家庭参与。教师们谈到他们如何与家长建立强有力的关系，以及学习故事如何引导他们与儿童及其家庭建立更深层次的联结。在每月一次的探究小组会议上，参与者都会讨论可以采取哪些策略来吸引家长回应教师撰写的学习故事，并分享他们所采取的策略。这引发了更多的讨论，大家通过头脑风暴想出了更多有助于家长参与的点子。最终目标是鼓励家长发出更多的声音，提出更多的观点，以及对学习故事做出更多的回应。

在园外运用学习故事的机会

不只班级教师可以探索和运用学习故事，探究小组引导者、教学指导人员、管理人员以及那些需要为其教职工规划专业发展机会的人士也可以参与其中。我们可以把学习故事当作一个框架或一种评价哲学，用以反思儿童和成人的学习。我们都是学习者。

对于那些很少或根本没有时间进班和孩子们在一起的早期教育团队成员，家庭旅行、文化庆典、假期、实地参观、特殊活动等都为他们提供了撰写学习故事的机会。当然，即使对于和儿童朝夕相处的教师而言，这些机会也同样适用。例如，我（安妮·怀特）会利用每年夏天去美国国家公园旅行的机会给我的孙女写学习故事，因为我想保留这些特别的记忆，也希望她能与我们未来的家人分享这些故事。

安妮在家中使用学习故事

过去 9 年，我一直帮忙照顾我的孙女。为她撰写学习故事，并与她的父母分享这些故事，让我得以通过这种强有力的方式来表达我是怎样看待孙女的学习的。更为重要的是，我能与孙女分享我的关心、爱，以及我对她作为一个出色的、有能力的和坚韧的人的敬畏。以下是我曾经撰写并在探究小组上分享过的一个学习故事（见图 6.3）。

光着脚到更高的地方

作者：安妮·怀特　时间：2019 年 10 月 23 日

阿里亚娜，今年夏天我们和爷爷、洛兰、罗德一起度过了多么美好的时光呀！我们游玩了两座美丽的国家公园：黄石国家公园和大提顿国家公园。那真是一段新奇冒险的时光！面对成群的蚊子、翻山越岭、冰雹、灰熊、沿着弯曲的道路长途行驶，你的坚定让我惊讶。看着你勇敢地爬上那棵高大的树，我特别激动。你抬头看着那棵高大的树，没有一

图 6.3　原版学习故事《光着脚到更高的地方》

丝迟疑就下定决心要爬上那棵树。你光着脚，很坚定。我开心地看着你攀爬。你很小心地迈出每一步，测试树枝的结实程度。有时，你会低下头看爷爷，寻求他的鼓励，坚定你的自信。我必须得承认，爬得越高挑战越大，这不仅对你而言，对我也一样。我意识到，作为你的奶奶，我应该为你提供冒险的机会，这样你就可以继续学习之旅。那么，阿里亚娜，继续攀爬吧，爬最高的树、最高的山，到更高的地方去。

很爱你的奶奶　安妮

这意味着什么（我看到什么样的学习正在发生）

阿里亚娜，当你决定爬那棵高高的树时，你不仅展现了勇敢，还展现了面对困难任务时坚持不懈的精神。尽管在面对挑战时，放弃是一件容易的事情，但你应对困难的方式透露出你的坚定和自信。当你勇敢地爬那棵树时，你表现出你愿意通过练习平衡能力、协调性和内在力量来获得成长和努力掌握攀爬技能。卡罗尔·德韦克（Carol Dweck）把这称为"成长型思维"。就是说，当你拥有成长型思维时，你的能力可以通过勤奋和努力得到发展。这一观点让人们更爱学习，更有韧性，而这些是取得伟大成就的必要特质（Claro, 2016）。我很高兴看到你爱探险，愿意冒险，并渴望接受新的挑战。

图 6.3　（续）

机会和可能（我们如何支持你的学习）

阿里亚娜，我还想看到你继续攀爬，不只是爬树（特别是我们家果园里的那些梨树），我还希望你保持对高度的热爱，继续爬过岩石，爬到最高的山峰上，甚至爬到更高的地方去。每年夏天，我和爷爷都会继续带你去国家公园，让你发现新的大树、岩石和大山去攀爬。正如约翰·缪尔（John Muir）[1]提醒我们的那样，"大山在召唤。"因此，仔细听，它们正在召唤你踏上新的探险旅程。

阿里亚娜的回应（2019年10月25日）

爬得越高，对我来说越容易，因为越高处的树枝靠得就越近。我可以看到远处的大山。因为树上的汁液，我的脚变得黏糊糊的。我本来可以爬得更高，但我们该走了。

阿里亚娜再次回顾（2019年11月16日）

这很有趣。它好玩是因为我爬得越高，挑战就越大，我喜欢挑战。

家人们的回应

很高兴看到你继续享受攀登的乐趣，并且不惧怕爬到离地面很高的地方。它象征着生活中的所有成就和挑战。你付出努力并主动尝试新事物，这很重要。

爷爷吉姆

图 6.3 （续）

---

[1] 美国早期环保运动领袖，他关于大自然探险的随笔与专著多年以来广为流传。他帮助保护了美国约塞米蒂山谷等荒原，并创建了美国重要的环保组织"山峦俱乐部"（The Sierra Club），在他的影响下，美国总统罗斯福于其任期内批准创建了53个野生动物保护区、16个国家纪念保护区和6座国家公园，缪尔也因此被誉为"美国国家公园之父"。——译者注

> 备注：阿里亚娜参加了所在三年级关于优胜美地国家公园的单元学习项目，其中包括了解约翰·缪尔做出的贡献。她们班在优胜美地国家公园学习多天，"大山在召唤"这句话是重要的学习内容。不过，虽然本书作者了解到，近期人们对缪尔以及他对美国原住民的看法有所批判，但还是觉得有必要完整地分享这个学习故事。

图 6.3 （续）

家长的声音

《光着脚到更高的地方》是一个从监护人的视角而不是教师的视角撰写的学习故事。由儿童的父母或其他家人撰写的学习故事具有强大的力量，因为它们能够帮助教师更好地了解儿童与家庭成员之间的关系。《光着脚到更高的地方》包括儿童在重新回顾故事时所做的反思。将儿童的声音纳入学习故事，让他们作为学习者的想法变得可见，这一点非常重要。此外，故事讲述者还可以再次朗读或邀请儿童（能够自己阅读故事的儿童）大声读出他们的学习故事，并将儿童的回应添加到故事中。通常，随着时间的推移，学习故事会显示出与以前的学习故事之间的联系，这些故事中的学习线索相互关联，表明儿童不断发展的学习者形象。练习撰写学习故事也增强了我作为一名大学教授的教学能力。在亲身体验了学习故事对我们祖孙间关系的影响，体验了多个家庭成员参与学习故事的价值以及将儿童的声音纳入学习故事的重要性后，我在大学课程中更加关注让家庭参与这种形成性评价方式的迫切性。

接下来，让我们一起仔细研究美国加利福尼亚州一所社区大学[1]的合作方式。你将进一步理解为什么要把儿童及其家庭放在学习故事的中心，并把他们作为学习故事不可或缺的一部分。

---

[1] 社区大学是美国教育体系的重要组成部分，提供两年制的初级高等教育。——译者注

一所社区大学中的学习故事实践

对学习故事进行平行探索的过程,不仅使我们在教学法和哲学层面对学习故事有了更多的理解,还让我们听到了以前从未听到过的彼此的声音。

——科森尼思河学院早期教育系主任　珍妮特·马尔赫恩

据科森尼思河学院早期教育系主任珍妮特·马尔赫恩介绍,科森尼思河学院学习故事小组过去 3 年来的学习故事之旅简直就是一场变革。珍妮特指出,教师们所做的初步工作为他们在学院早期教育系和儿童发展实验中心运用学习故事铺平了道路。2013 年,学院中的高级讲师在一次新西兰研学旅行后引入了学习故事这一概念,使得教师们对于在大学课程中运用学习故事的兴趣越来越浓厚。

科森尼思河学院学习故事探究小组一开始邀请了安妮·怀特作为院外专家,就学习故事为大家提供持续的专业支持。有一点对这个探究小组来说很重要,那就是它的包容性。珍妮特说,他们邀请所有早期教育系的教师、儿童发展实验中心的员工以及学生的同伴教育者[1]一起学习了一年。

他们不仅一起讨论如何写学习故事,还分享各自的工作,并头脑风暴各种点子,以应对在运用学习故事过程中可能遇到的现实壁垒和障碍。1 年后,这个探究小组的核心成员继续共同研究和回顾学习故事,把它作为一种共享式教学法。显而易见,学习故事加强了早期教育系的全体教师、儿童发展实验中心的教师以及早期教育系学生们之间的关系。

---

[1] 同伴教育,起源于澳大利亚,流行于西方国家,指人们通常愿意听取年龄相仿、知识背景相似、兴趣爱好相近的同伴、朋友的意见和建议。同伴教育,首先会对有影响力和号召力的青少年(同伴教育者)进行有目的的培训,使其掌握一定的知识和技巧,然后再由其向周围的青少年传播知识和技能,达成教育的目的。——译者注

珍妮特说:"对学习故事进行平行探索的过程,不仅使我们在教学法和哲学层面对学习故事有了更多的理解,还让我们听到了以前从未听到过的彼此的声音。"在这个过程中,他们对彼此注意到和重视的东西有了日益深入的理解和欣赏。珍妮特说,他们开始能够识别出某一个学习故事的"声音"而无须被告知作者是谁,因为"我们现在将彼此视为资源,并在相互学习中受益。我们现在知道向谁寻求文本编辑和语法方面的反馈,或者请谁帮助我们扩展思维"。

珍妮特解释了探究小组是如何提供反馈和深化讨论的:

作为一个学习故事探究小组,我们就提供反馈开发了一套步骤,它适用于繁忙的工作日程和各自不同的职业角色。我们更喜欢聚在一起分享自己新写的学习故事。当我们聚会时,我们会确保手边备有纸巾,因为分享共同努力的成果常常是一种感人的体验。当听到某位家长对我们与他分享的学习故事做出回应时,我们会很兴奋。我们经常等不到下次会议时间,就迫不及待地通过短信分享它,或者"突然出现"在彼此的教室里或办公室里与对方分享。这是学习故事带来的意外收获之一,即学习故事探究小组成员通过运用学习故事,间接地讨论着教学和教育哲学。

以下4个学习故事,是由科森尼思河学院早期教育系和儿童发展实验中心探究小组的成员们撰写的。每个学习故事都反映了教师的声音,同时显示出对家长声音的尊重。这些学习故事也反映了该探究小组成员们协同发出的强大声音,他们发现学习故事不仅加强了他们与家长之间的关系,也加强了彼此之间的关系。教师对家长、儿童的深切关怀,以及家长作为早期教育工作者的伙伴所做的非凡工作,都通过这些学习故事展现出来。科森尼思河学院教学团队教授2—18岁的儿童。这些学习故事的名称如下。

> 《古斯塔沃的石头和字母》 作者:瓦妮莎·古铁雷斯

> 《莱拉妮的一家》 作者：艾迪·谷本
> 《我爸爸教我的》 作者：罗拉·沃德洛
> 《我怎么才能到大海去呢》 作者：珍妮特·马尔赫恩

《古斯塔沃的石头和字母》（见图 6.4）

我为什么写这个学习故事：

古斯塔沃 3 岁的时候来到我们幼儿园，他当时正在学习说英语。通过使用母语西班牙语与他交流，我和他及其家人之间建立了良好的关系。古斯塔沃每做完一件新的事情都会欢呼庆祝，并因此而满心欢喜。他的标志性庆祝动作就是举起手臂并大声地说出他做了什么。在我写这个学习故事的时候，古斯塔沃开始留意身边的环境中是否有他名字中的字母，并寻找机会用不同的材料拼摆他的名字。当他看到桌子上的小石头时，他决定用它们来创造字母"G"[1]。他成功地拼出了他名字中的首字母，并举起手臂欢呼道："我的名字！"看到他一脸的兴奋，听着教室里他发出的喜悦声音，我立刻知道，我必须为他写一个学习故事以庆祝这个特别的时刻，并和他的家人分享。

与古斯塔沃的家人分享这个故事是一种愉悦的体验。古斯塔沃的妈妈莫妮卡告诉我，古斯塔沃到处学习和寻找自己名字中的字母，找到后兴奋不已。她说，有一次古斯塔沃在医院里找到了字母"G"，大声地说他找到了自己的名字，他突然提高的音量把周围人都吓了一大跳。说到这里，我们俩都笑了。与古斯塔沃的家人分享学习故事，开启了我们之间的更多对话，我们围绕古斯塔沃的家庭生活经历进行了很多交流，这也更进一步强化了我与其家庭之间的关系。在一次家访中，他的爸爸拿出了这个学习故事，又读了一遍给他听。

与同事们分享学习故事对我特别有用，因为他们不仅帮助我提炼

---

[1] G 是古斯塔沃（Gustavo）名字的首字母。——译者注

对这个故事意义的理解，还会就如何进一步支持古斯塔沃提出很多宝贵的建议。为了表示对古斯塔沃及其家人发自内心的尊重，同事们建议我用他们的母语西班牙语撰写故事。现在，古斯塔沃升入了小学，他的新老师也是学习故事探究小组的成员，我想她已经很了解古斯塔沃了，因为1年前我们一起反思了这个学习故事。

瓦妮莎·古铁雷斯

古斯塔沃的石头和字母

作者：瓦妮莎·古铁雷斯

我还记得你刚开始认出你名字中字母的样子，你充满热情地与身边的每个人分享你的发现。今天也不例外。我能感受到，也能看到你拼字母时的喜悦。

你真挚的朋友　瓦妮莎

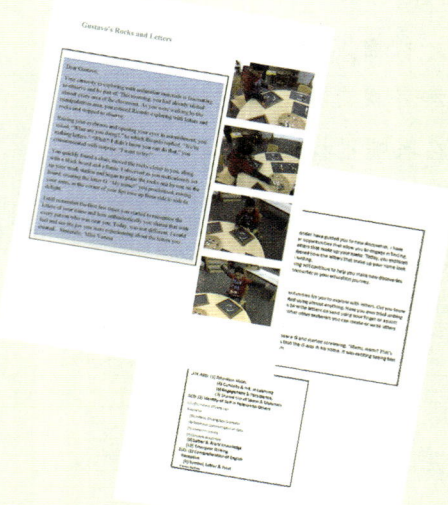

这意味着什么

古斯塔沃，你的好奇心和惊奇之心总是让你有新的发现。我注意到，你乐此不疲地寻找机会发现、识别字母，然后把它们放到一起组合成你的名字。今天，你用小石头探索如何拼出字母。你不仅记得组成你名字的那些字母是什么样子的，还能把它们拼出来。

图 6.4　原版学习故事《古斯塔沃的石头和字母》

你很快找到了一把椅子，然后把石头拿到身边，又找了一块黑板和一个画框。我看着你一丝不苟地布置好自己的工作区，之后开始把小石子一个个地摆放在黑板上，拼出字母"G"。"我的名字！"你举起手臂大声地宣告，开心地咧嘴笑了。

你对学习的热情和浓厚兴趣将继续帮助你获得新的发现，并帮助你应对在教育旅程中可能遇到的挑战。

机会和可能

古斯塔沃，我会继续给你提供探索字母的机会。你知道，字母和单词几乎可以用任何东西来表现吗？你试过在沙子上写字母吗？或许，你可以用手指或画笔在沙子上写写看。你觉得还可以使用哪些材料来拼出或写出字母呢？

家长的回应

有一天，我们去餐厅，他看到了一个字母"G"，然后大叫："妈妈，妈妈，那是我的名字！"他想说的是，他的名字里有那个字母"G"。看到他那么兴奋，我们也很兴奋，跟他一起笑了。

图 6.4 （续）

《莱拉妮的一家》（见图 6.5）

我为什么写这个学习故事：

我的学习故事一开始是写给在幼儿园就读的莱拉妮的。那时，她刚知道她妈妈怀了小妹妹，她即将成为大姐姐！第一个故事是关于欢迎莱拉妮回到幼儿园的，它不仅有助于介绍莱拉妮成为大姐姐这件事，还激发了莱拉妮对此事的热情，同时发展了课程并深化了教师与儿童的关系。

最新的那个故事是一年半之后写的。在莱拉妮上了学前班后，我们依然保持着联系。现在，她已经是一个自豪的大姐姐了。我的回应不仅表扬了莱拉妮取得的成就，还向她和她的家人表达了祝贺，不仅因为莱拉妮即将从学前班毕业，还因为她是一个如此聪慧又可爱的大姐姐。由于某些不可抗拒的原因，莱拉妮只能在线上学习，幸运的是，这让我有幸参加了她的线上升学派对，并用这种方式支持她！

与家长分享学习故事，是我非常喜欢做的一件事。在写这个故事之前，我不知道莱拉妮的妈妈怀孕了，因此，这个学习故事开启了我们之间的新关系和新对话！莱拉妮的妈妈德文很惊讶也很开心地看到莱拉妮在我们班里的成长，对她来说，这个故事明确预示着莱拉妮已经准备好做姐姐了。因为有了这样紧密的关系，我们在莱拉妮离开幼儿园后还保持着联系，甚至还见了几次面。由于某些不可抗拒的原因，学校关闭了，莱拉妮的父母担心她的学前班学习受影响。但幸运的是，我们共同解决了大部分问题，并且到目前为止，这个家庭的一切还是挺顺利的。

与同事们分享这个故事，对我们所有人来说都是一种愉快的体验。由于莱拉妮是第一次当姐姐，因此我希望借助这个机会加深她与其他孩子之间的联结，其他孩子可能给她提供一些看法并帮助她理解他们的观点。我的同事们在这方面给我提供了支持。他们不仅与我分享图书、宣传册和策略，让我在与莱拉妮及其家人交往的时候运用它们，还帮助我发现有哪些儿童和家庭可以与莱拉妮建立联结，正如我在故事里所提到的那样。我毫不怀疑的是，这一年里这些友谊和对话真正地帮助她成为现在这个很棒的大姐姐。

艾迪·谷本

莱拉妮的一家

作者：艾迪·谷本　　时间：2019年1月17日

亲爱的莱拉妮：

　　长长的寒假之后能再次见到你真是太棒了！我很想念你和你的家人，也想知道你每天都做了什么。在和妈妈拥抱亲吻说"再见"之后，你立即进入了工作状态。你皱了皱眉头，把手放在下巴上说："艾迪老师，这里每样东西都是新的，我们可以玩吗？"我笑着说："当然。你说对了，我们把一些东西的位置移动了一下，也添加了很多新的东西。你觉得这些变化怎么样？"没有一丝迟疑，你笑着说："我喜欢，现在我们可以在桌子上玩积木了，就像这样。"说完，你拿起了一些嵌套积木，开始在桌上摆放。你很自然地把它们按照大小和形状排列，但当你把它们分开时却给我带来了一个大大的惊喜，你笑着说："这个大的是我爸爸，这个是我妈妈，这个是我，这个小的是我的妹妹或弟弟。我妈妈怀孕了，但是我们不知道是弟

图 6.5　原版学习故事《莱拉妮的一家》

弟还是妹妹。"你总是有那么多东西与我们分享。你继续排列积木，然后做了一件有意思的事情。你把最大的积木放在一边，在它旁边放了小一号的积木，然后你把最小的积木嵌在这个积木里面，最后你把中等大小的积木放在这两个积木旁边。现在，所有的积木并不是那么整齐地按照某种规律排列了。你看了看说："应该就是这样。我妹妹在妈妈的肚子里，所以把它放在这里面正合适。看，现在这样看上去就像她的肚子。"我笑着点头说："你说得对，这样摆放也很有道理。"你拿来另一套嵌套积木，继续玩了一会儿后，你又回到了嵌套积木的一般玩法。在把这些积木收起来的时候，你说："不过，我妹妹暂时还不会来这里，所以我要为她做好准备，在她来之前经常来上学。"我很好奇你是从哪里知道这一切的，你又是怎么把这些东西如此美好地联系在一起的？

好像这还不够，你又找出了另一套积木。不过，这套积木里少了最小的积木。眨眼之间，你就把它们按顺序摆放好了。我停下来问你："这块大的是爸爸，中号的是妈妈，小的是你，是这样吗？"你笑着回复我："不是的。这次，大的是妈妈，这个是爸爸，这个是我。这里没有最小的积木，因为它还在我妈妈的肚子里，所以妈妈才是最大的，现在比爸爸还大。"我忍不住笑了："噢，有道理！"我嘴上这样说，心里却大声叫着："她怎么能这么快就做出这样的改变呢？！"我很快就觉得这是合理的，因为莱拉妮就是这么能干。

每天，我们俩的交谈都让我感到非常愉快，因为每次都让我对你多了一点了解……让我知道，你是一个非常了不起的人！

你真挚的朋友　艾迪

这意味着什么

莱拉妮，在玩嵌套积木的时候，你不仅能将它们按大小摆放，还能将积木与你的家人联系起来，赋予每块积木以家庭成员的身份。你爸爸是最

图 6.5 （续）

第六章　家庭参与和学习故事：融入多元声音　147

大的，你那即将出生的弟弟或妹妹最小。在我们的交谈中，你让我看到你很了解怀孕这件事，对即将成为一个大姐姐也非常兴奋！生命和小婴儿这两个话题可能不太容易理解，但你对它们是怎么回事有一定的理解。我相信你会成为一个很棒的大姐姐，会是你妈妈和爸爸的好帮手！

从认识你的第一天起，你就是那么友善、体贴，对你做的每件事都考虑周到，一直到今天都是这样，特别是对待你即将出生的弟弟或妹妹，更是如此。你总是用一种友善又成熟、平和又很"莱拉妮"的方式提出疑问，让其他人知道你可以处理很多信息。你在摆放积木并赋予它们身份时，就是用这种方式进行说明和叙述的。你非常仔细又准确地摆放着这些积木，并确定哪块积木代表哪个家庭成员。

机会和可能

更多重要的信息……

现在，我们都知道你将成为一个大姐姐，因此可以着手了解做姐姐有哪些好处和责任了！你知道，很多书都讲了如何做一个大姐姐吗？我想你会觉得这些书很有帮助，虽然做姐姐是生活中的一个大转变，但只要用积极的态度面对，你很快就会知道关于做姐姐的所有事情！我们的图书馆里有很多这样的书，我想，如果我们请求本先生（查理的爸爸），他就会帮助我们找到它们。另外，查理最近也刚刚当上了哥哥，没准他也可以给我们提供一些建议！

更多的回应

妈妈的回应：莱拉妮，终于能当上姐姐了，你真的很兴奋！这是我们去公园时，你对蒲公英许下的愿望。你帮我们一起制订迎接小宝宝的计划，还帮我做家务。你是我见过的最聪明、最可爱的小女孩，尽管我这样说可能带有一些偏见。我都快等不及你妹妹的到来了，迫不及待地

图 6.5　（续）

想看你们在一起的样子。我很高兴小宝宝有像你这么棒的榜样。做你的妈妈是我的荣幸。

莱拉妮的回应：我等不及要当姐姐了。我想我已经是了。当我对妈妈说再见，并亲吻小妹妹时，我觉得我就是姐姐。妈妈，你现在就在教室里吗？那么，记得要玩得开心，我想你，爱你。再见。

2020 年 6 月 26 日

艾迪：莱拉妮，一年多过去了，我真的不敢相信你已经上一年学前班了！你长大了很多，你学会了读书，你对我们国家的总统和宇宙中的星球有了一定的了解，我也很高兴看到你还是那么喜欢玩耍、跳跃，到哪里都玩得很开心！当然，以你一贯的莱拉妮式风格，你成了最棒的大姐姐！现在，你和妹妹都长大了一些，我看到你总是抱着她，读书给她听，还和她一起玩。即便在你的升学派对上，我也看到了你对她有多关心，你为她提供玩具，还花时间逗她笑。

图 6.5 （续）

《我爸爸教我的》（见图 6.6）

我为什么写这个学习故事：

在我们中心的这 5 年，阿妮莎给我和我们班里的其他孩子、成人留下了温暖和善良的印象，也似乎把温暖和善良辐射到了我们所有人身上。她为我们树立了榜样，也对他人抱有同样的期望。在一个混龄班级中，当所有人的日常生活交织在一起时，每个人的认识和情感都是复杂的。尽管撰写这个故事时阿妮莎已经 11 岁了，但她与 4—11 岁孩子的互动正在影响着她成为一个什么样的学习者。

在我给阿妮莎写这个学习故事期间，学习故事探究小组聚了多次，正如往常我们给孩子撰写了学习故事后也会相聚那样。通过讨论，团队成员对阿妮莎和她的家庭有了一定了解，也给这个故事提出了积极的、建设性的意见。一位团队成员对阿妮莎与父亲之间的亲密程度很感兴趣，想在故事中听到关于这方面的信息。另一位团队成员感兴趣的是，阿妮莎与年龄差异那么大的混龄同伴一起玩耍和学习的能力。探究小组会议是我们聚在一起分享各自想法的时间。我们很自在和愉快地相互倾听。围绕故事的意义，我们相互提问，并给予积极的反馈。在这些会议上进行分享，促使我成为更好的写作者和倾听者。事实上，我认为，这个团队和这些探究策略让我成为一位更好的教师。当我把这个学习故事读给阿妮莎听时，她的脸上洋溢着幸福和喜悦的光芒。她把这个学习故事拿在手里、盯着它看了很久。过了几分钟，她抬起头问："我可以把它读给爸爸听吗？"她的爸爸来中心接孩子时总是非常匆忙，急着赶去下一个地方。那天，在他来接孩子之前，我给他打了个电话，问他能否在接孩子时停留一会儿，聊一聊。这让他对于花更多的时间接孩子做好了准备。我到现在还清晰地记得那一天的情形。他坐在桌边，低着头专心地听阿妮莎给他读故事，一颗泪珠从他的脸颊滑落。在阿妮莎读完后，他把她拉到自己身边，对她说："你是我的闪亮星。"在他们回家之前，我把这个学习故事给了他们，然后阿妮莎说："我要永远留着它。"

罗拉·沃德洛

我爸爸教我的（阿妮莎，11岁2个月）

作者：罗拉·沃德洛

阿妮莎，当你走进教室与我们打招呼时，你发现自己是第一个到的。你把自己的东西放进柜子里，然后开始环顾教室。当你看到桌子上的材

图 6.6　原版学习故事《我爸爸教我的》

料时，你的眼睛就像丰收节时的月亮一样皎洁明亮。你看了我一眼，好像在问："我可以玩吗？"我想起了你和同班同学的一次交谈，你对他说你喜欢搭建东西，所以，你想玩这些材料我一点也不惊讶。我点点

头，你就开始工作了。你拿起拼手推车的零部件，挠了挠头，好奇可以把它们组装成什么。你很快尝试将小木片、陶瓷轮子、螺丝和销钉等凌乱的部件拼搭在一起。在操作的过程中，你从看上去不确定变得越来越确定。你把这些部件拼到了一起，一直到你很确定把它们拼成原本该有的样子。你宣告："这是一辆手推车。"你问

是否可以用搜索引擎来探究你的想法并确定你是对的。你借助网络资源不仅找到了不同种类手推车的图片，还研究了它们的使用历史，这些都显而易见地表明你拥有与技术有关的知识。你很高兴地看到手推车可以被做成很多不同的样子，而你设计的手推车和你在网上找的一些手推车很相似。你似乎对自己制订的重新搭建计划很满意。然后，你就像一位专业的设计工程师那样告诉我："我还需要一些工具，我给你列一张单子。"你的工具清单里包括一把飞利浦螺丝刀、螺丝钉、木头、锯子和卷尺。你竟然知道飞利浦螺丝刀和标准螺丝刀之间的区别，这让我很惊讶。很多成人都不知道它们的区别。你能够提前制订计划，并能够预测自己所需要的工具，这让我惊喜。我问你，你怎么对建构那么了解，你

图 6.6 （续）

用充满力量的声音告诉我："我的爸爸知道很多关于建构的知识。只要有机会，我们就会一起做东西。"你对爸爸充满爱意的话语，让我想起了我小时候看着爸爸做东西的美好时光。在你制作的过程中，一个同学走过来问是否可以帮助你。你让她谈了谈自己的想法，然后说："我们一起做吧。"你告诉她："没有你，我一个人做不了。"这让她感到自己很重要。你把旧部件拆开交给她，然后准备测量和锯开木块。你使用螺丝刀，用新木块和新螺丝钉替换了原先的车轴，然后装上了旧车轮。你和你的助手对自己的作品很满意，你们击掌庆祝，开心地笑了。你们制作了一辆全新的手推车，一起在户外花园里找到了一个安放手推车的最佳地点，并选了一盆花放在车里面。你们后退了一步看了看，然后笑了，你们的兴奋之情吸引了其他同学围过来观看。这辆手推车让我们的花园变得更漂亮了。

爱你的　罗拉

这意味着什么

当你走进教室开始工作后，我眼前看到的是一位自信的年轻女士在与同学分享她的想法和工作区域。我听到你激励法蒂玛，与她合作。你听取了法蒂玛的建议，同时坚持自己的想法。你使用网络资源验证自己的想法，确认你的想法是正确的。我陪伴在你们身边准备着支持你们，把你们需要的工具拿给你们，但你很少需要这样的帮助。你展现了解决问题的能力，也知道如何安全地使用真实的工具。你讲述的和爸爸在一起的经历触动了我的内心。父亲对女儿生活的积极影响，有助于塑造她的自尊、自信和自我意象。当你工作的时候，我一直在想，你将来会成为一位非常成功的女士！然后，我觉得我错了，你现在就已经是一位成功的女士了。

图 6.6（续）

机会和可能

阿妮莎，我们只有短短几个月时间可以在一起了，之后你就要离开我们中心去上学了。我想，你那么喜欢建构东西，我可以怎样支持你这方面的兴趣呢？你想和同学一起留下更多的美好回忆吗？我会准备一些新的工具让你研究和使用。我会提供一些电钻、手钻和其他零部件供你探索。我们还可以邀请你爸爸来到中心，和我们一起制造美好的回忆。

爸爸的回应

阿妮莎，看到你努力工作和玩耍真的让我很开心。我喜欢你用头脑来将某样东西概念化，并将它付诸实践的样子。这真的让我印象深刻。我相信你有能力去做任何你想做的事情，因为你有勇气和毅力去实现它。女儿，我为你感到骄傲。当我看到你工作的照片时，我心想，哇，看她在做什么。我很荣幸也很高兴地说，你是我的女儿。伸手去摘星星和到更远的地方吧，因为我知道你可以。

爱你的　爸爸

图 6.6　（续）

关于这个学习故事的更多见解

学习故事《我爸爸教我的》让我们深入理解了父女之间的感情。这个学习故事也让我们洞察了这个家庭的价值观，因为父亲回应说："我相信你有能力去做任何你想做的事情，因为你有勇气和毅力去实现它。"很有意思的是，父亲使用了"勇气"和"毅力"这样的词汇来认可和确认这个孩子是出色的、有能力的人。学习故事给家长们提供了在公共场合使用这类词汇来形容自己孩子的机会，这样的描述是很有力量的，因为它在塑造着孩子作为学习者的形象。

《我怎么才能到大海去呢》（见图 6.7）

我为什么写这个学习故事：

作为早期教育系的教师，我的职责之一是负责科森尼思河学院的实习课程。这意味着我会有很多时间待在儿童发展实验中心，因为儿童发展实验中心是我们校内的早期教育实习基地。儿童发展实验中心的教师会指导学生们的岗前实践。与儿童发展实验中心的孩子、学院的学生和指导教师在一起，是我工作的一部分，亦是我很看重的一部分。我因此拥有了极其难得的了解孩子及其家庭的机会。

在见到德沃恩之前，我在《早期教育导论》课上认识了他的妈妈。在那堂课上，我第一次向她介绍了学习故事，当时我不知道她和她的儿子会成为我们学校儿童发展实验中心的一员，也不知道他们会收到很多写给她儿子的学习故事。

德沃恩在幼儿园的蓝班（班级名称），他最初叫我"白色教室里的老师"。他说的白色教室是指那间他每天都路过的、有银色门的教室，我会在那间教室里给学院的学生上课。后来他知道了我的名字叫珍妮特，于是当我走进班级时他都会大声地宣告我的到来。我可以给德沃恩写很多学习故事，因为有太多值得关注的时刻了。之所以撰写这个故事，是因为我被他展现的好奇心和他学习中的社会性深深吸引了。尤其让我震惊的是，德沃恩一路上遇到的每个成人都允许他运用自己的方式进行发现式学习，而不是回答他的问题和结束他的探索。

我和德沃恩的妈妈一起围绕德沃恩好奇的天性反思了这个学习故事。很明显，她也发现了她儿子身上的这个品质，她甚至买了一件衬衫，上面印有"永远不要失去惊奇感"。随着德沃恩的成长和升班，他的妈妈也与我分享了她对游戏和探索活动的重视，以及她的目标——希望德沃恩尽可能长久地参与儿童发展实验中心以游戏为基础的课程。

我用简单的形式撰写了这个学习故事，以便在我的《早期教育导论》课上与学生们分享。后来，这个班的学生对儿童发展实验中心的一个开放式游戏进行了现场观察，然后根据观察创作了学习故事。从那时起，我发现这种形式简单的学习故事让工作中的教师和实习中的学生都觉得，经常写学习故事是可以实现的。

实习指导教师　珍妮特·马尔赫恩

我怎么才能到大海去呢

作者：珍妮特·马尔赫恩

德沃恩，今天和你在一起的时光真是愉快呀！今天在我走进教室后，你来到我身边，拿着一个大大的海螺壳说："嗯……我怎么才能到大海去呢？嗯……"我回应道："你想知道怎么到大海去，是吗？"你回答说："是的，它在那里，可是我去不了。"你把海螺壳翻过来，看向它的里面，海螺壳在那里卷曲在了一起，你把手指尽可能地往里面伸去。于是，我明白了你一开始提的那个问题是什么意思，然后我问你："你怎么知道大海在那里？"你没有说话，只是把大海螺壳放到我的耳边，停了一会儿，说："你听见它了吗？""是的，"我回答道。我又说："我听到了类似大海的声音。"你一边继续问你一开始提出的疑问，一边试着触摸海螺壳的最里面。我问你，你有没有什么办法让大海从海螺壳里出

图 6.7　原版学习故事《我怎么才能到大海去呢》

来。你对着海螺壳唱歌,要贝壳把你带到大海去。当这招行不通时,你拿着海螺壳跳舞,继续唱着"大海,大海……请你出来……"。然后,你带我去找教室里和院子里的几位老师,问他们:"我怎么才能到大海去呢?"

实习指导教师　珍妮特·马尔赫恩

这意味着什么

德沃恩,你表现出惊人的、极具感染力的好奇心。今天,看着你探索怎样可以到达海螺壳里面的大海,我意识到,你对贝壳的探究和好奇心带你踏上了探险之旅。你吸引了许多人和你同行,允许他们成为你的探险伙伴。这段经历反映了,你对创造性地解决问题和了解身处的世界充满了热情。我希望你能一直保持惊奇感和对世界的好奇,并带着其他人一起去探险。

机会和可能

德沃恩,为了拓展你对大海及海螺壳的好奇,我将提供一些探究性材料(放大镜、不同大小的海螺壳以及相关的图书)。我想知道你是否去过海边。或许,我们可以看一些海边的照片,然后在教室里创造一个属于我们的大海。另外,我们还可以探索声音是如何在不同的物品间传

图 6.7 （续）

递的。如果我们把其他东西放在耳边，我们也会听到大海的声音吗？我还将继续寻找机会来激发你的好奇心和惊奇感。

与贝壳的更多互动

德沃恩，我很高兴，你几天后带我来到科学区的海螺贝壳前。你解释说："大的，较大，小的。"你把它们按照顺序排成一排。我注意到，你穿的衬衣上写着"永远不要失去惊奇感"。这句话似乎体现了你们家对惊奇感的重视，这一点在你与世界的互动中也是显而易见的。我希望你能在成长过程中保持敬畏和好奇。

珍妮特

图 6.7 （续）

科森尼思河学院早期教育系和儿童发展实验中心学习故事探究小组的教师们，分享了他们撰写学习故事的过程以及他们如何与儿童、家长、学院实习学生以及彼此分享学习故事。他们说，学习故事让同事变得更亲近；他们通过编辑、反思和探究学习故事来相互支持。学习故事像一座桥梁，将他们各自的工作联系起来，帮助他们创建一个团结的团队。在这个团队里，儿童发展实验中心的教师、学院的讲师、学生和家长成为一个亲密的大家庭，他们怀着对彼此的尊重认真地倾听对方的意见。

儿童的声音

本章最后一个学习故事为我们反思一个非常不同的文化语境提供了机会，这个文化语境重视和尊重美国夏威夷州的土著文化。夏威夷檀香山社区大学的教职工在深思熟虑后为儿童的家庭提供了各种参与机会，同时尊重儿童及其家庭的语言和文化。以下这个学习故事展现了教师、管理者、学院教职工和社区间坚定的伙伴关系。故事中,儿童使用的语言濒临灭绝。让儿童使用的语言被看见并得到保护,是每个成员正在努力做的事情,也是这个故事的核心和焦点。

夏威夷檀香山社区大学教师撰写的学习故事:《一个灵活的搭建者》

儿童及其家庭是这个学习故事的中心。

——助理教授兼实验学校主任 雅尼娜·马丁

"快乐孩子儿童中心"(Keiki Hau'oli Children Centre)是一所为社区大学学生服务的实验学校。儿童中心的教师们撰写学习故事并把它用作主要评价方式,已经有2年了。以下这个学习故事是关于3岁的莱姆的,她在3个月大的时候就来到了儿童中心。教师们认为,把她的故事翻译成莱姆的母语夏威夷语,并用夏威夷语读出来很重要。她在婴儿班时的主要照护人用夏威夷语朗读了这个故事,并录了下来。当问莱姆是否可以在本书里分享这个学习故事时,她说:"可以!我想让所有人都知道我是怎么学习的!"(见图6.8)。

一个灵活的搭建者

亲爱的莱姆:

你还记得你在彩色磁力片桌旁工作的样子吗?一开始,你用正方形磁力片搭建一座高塔。你拿起正方形磁力片,很小心地把它们一块一块地拼起来,塔越搭越高,快要高过你的头了。于是,再搭高一点后,你决定搭一个三角形结构。

图 6.8 原版学习故事《一个灵活的搭建者》

你把所需要的材料收集在一起，开始搭底座。凯拉妮决定帮你接着搭建高塔，你说："好的。"你们组成了一个多么棒的团队呀！于是，她继续搭高塔，而你负责搭三角形结构。首先，你把底座拼在一起，然后慢慢且小心地把底座折叠成大三角形。一开始，你是一个三角形一个三角形地折，然后一起折。你很喜欢摆弄这些三角形。我注意到，其他时候你也搭建了同样的结构。

最后，两个结构都搭好了——凯拉妮搭建了高高的塔，你则搭好了三角形结构。你对自己的努力和你们的合作感到非常自豪。你说："我们做到了，凯拉妮！"然后，你紧紧地拥抱了你的朋友！

我很高兴看着你那么专注地完成你头脑中想要做的东西，看着你如此灵活地对待你的朋友凯拉妮。我想知道，你们还会一起搭建什么呢？

爱你的　丽兹

现在，我知道些什么

莱姆，我现在知道你有多爱玩磁力片，也知道你是一个多么灵活的大玩家。让我印象深刻的是，当凯拉妮走过来帮你继续搭建高塔时，你说："好的。"这让我看到你正在学习如何与朋友融洽相处，允许他们接手你之前做的事情。这也让我意识到你多么喜欢搭建三角形结构。当你用磁力片搭建时，你真的很喜欢把它们拼在一起变成屋顶。

机会和可能

莱姆，我很好奇，你是否愿意用磁力片给小娃娃、小动物或小昆虫搭建一座房屋呢？或者为小汽车搭建一座车库？我很好奇，你和凯拉妮是否愿意一起用磁力片搭建大大的、有高塔和三角形屋顶的建筑呢？我还好奇，是否还有其他方式可以让你和凯拉妮一起快乐地使用磁力片？

图 6.8 （续）

家长的回应

亲爱的科奥：

由于妈妈和你都要去各自的学校学习各种东西，因此我不能总是见证你的冒险壮举和新发现。所以，听到你在了解周围世界、生命中的人们和你自己的过程中所发生的那些令人兴奋的冒险故事和你的持续探索经历，真是太棒了。

"快乐孩子儿童中心"的叔叔阿姨们竭尽全力来满足你的好奇心，培养你对学习的热爱。他们做得太棒了！可是，这些对他们来说似乎还不够，他们还捕捉到了那么美丽的画面、永恒的瞬间和你的各种大大小小的壮举。当我不能和你在一起时，我一天中最美好的时刻就是收到你的照片时。它们让辛苦的一天变得不再那么辛苦，让还不错的一天变得更精彩！

我喜欢看到，无论你在搭建、学习、探究、大笑还是微笑时，你的身上总有一种金色的、真诚的光芒。我希望这样的光芒永远不要消失，而是随着你拥有越来越丰富的体验而变得越来越亮。我希望你不管走到哪里都能分享你的光芒。当人生中暗淡的时刻来临时，我希望这样的光芒能照亮你前进的道路，并指引你走出当下的困境。

你是一份如此美丽的礼物，感谢上天选我做你的妈妈。你要知道，我需要你和你需要我一样多，我从你身上学到的和你从我这里学到的一样多。爸爸杰伊经常与我分享的一句至理名言是"'A'ohe pau ka 'ike i ka hālau ho'okahi"。翻译过来的意思是，"所有的知识都不是在一所学校里学到的。"就是说，人可以通过许多资源学习。所以，亲爱的……你很幸运拥有这么多范围广泛、不可替代的资源，并从中学习。你要永远记住，你被深深地爱着和欣赏着。我为你感到无比自豪，并期待着生活给予我们的美好礼物。我非常爱你，全心全意地爱你。我的女儿。

爱你的妈妈

图 6.8 （续）

这个学习故事是一个众人共同努力的实例，因为探究小组的很多成员贡献了他们的知识和技能才有了这个生动的故事。儿童中心的教师给莱姆撰写了这个学习故事，社区大学里的夏威夷语教师对故事文本进行了翻译，而莱姆的第一位主要照护者用夏威夷语朗读了这个故事并录音。正因为大家做出的这些贡献，莱姆才能听到用自己的母语讲述的学习故事，而她的母语30年前就被禁止在学校里使用。以下文字摘自莱姆的妈妈写给雅尼娜老师的邮件（邮件中，科奥是莱姆的夏威夷语名字）。

你好，雅尼娜：

……再一次感谢你让我们有机会参与其中。我们与科奥分享了这个消息，她给予了口头许可。能够让别人了解她是怎么学习的，她觉得很高兴！保重，希望能够早日再相见！

谢谢你！

杰伊、基希和科奥

关于这个学习故事的更多见解

莱姆的妈妈说，这个学习故事在他们当地夏威夷文化中是社区送给她孩子的一份礼物。它展示了家庭是如何根据其历史上特定的家庭结构以及他们在教育和社区环境中支持儿童的文化取向，将孩子在学校的学习置于一定语境中进行思考和解读的。或许，这是一种希望的象征，以强调所有小瞬间和小语种的价值，而这些小瞬间和小语种除非被保存在像这样的学习故事中，否则很容易被遗忘。

本章小结

在本章提供的多个实例中，我们可以听到儿童、家长和教师的声音。每一个学习故事都代表、也让我们看到了一个关系亲密的学习者共同体中某位有价值的贡献者。学习故事为我们提供了一种展现对彼此的深切关怀和尊重，并重视多样化的语言、文化和价值观的方式。正如雅尼娜在前文中所说的那样，儿童及其家庭必须处于学习故事的中心，他们也是让每个人一起参与这项重要工作的核心。

在本章开始部分我们强调，在对儿童进行评价时，将家长的声音和视角纳入其中非常重要。本章和本书所收录的学习故事表明，教育者撰写和分享学习故事可以深化他们与儿童、家长和同事间的联结与关系。学习故事提供了一种创新的路径，有助于早期教育中的个人和集体重新发出自己的声音。目前，美国的公立和私立早期教育机构使用的很多评价方法都将家庭的贡献以及儿童在早期教育机构外的学习排除在外。因此，无论是早期教育的相关政策还是实践，都不应允许数据驱动的评价实践继续压制儿童、家长和其他家庭成员的声音与贡献，这一点至关重要。我们恳请你考虑使用诸如学习故事之类的评价方式，它们可以使你所服务的不同儿童、家庭以及你自己和其他教育工作者的声音变得清晰可闻。参与探究小组的工作并深入思考学习故事，能够彰显并提升你的价值观、你对儿童及其家长的关怀和爱，以及你对这个职业的热爱。

当你成就别人时，你也在成就你自己。你通过撰写叙述性故事重拾了教学的乐趣，这些故事表明儿童是有权利的公民，你是有权利的教师，儿童有权获得社会层面和教育层面的公平（Souto-Manning，2016）。这些权利包括有充足的时间进行反思、对话和运用有意义的评价方法，以展现儿童的真实学习以及教师作为学习者的真实学习。

关键点

> 对于作为观察者、记录者和故事讲述者的教师而言，撰写学习故事是一种充满力量并带来改变的体验。

> 与家长分享故事以及与家长合作，可以重塑和改变教师与家长之间的关系，并改善幼儿园整体的社会情感氛围。

> 将家长或儿童监护人的声音纳入学习故事，可以强化他们作为儿童的主要教育者的角色。

> 尊重儿童和家长作为合作伙伴做出的贡献，这有助于真正对儿童进行真实性评价，提升并重申儿童是有好奇心、有能力的学习者这一形象。

> 多元视角，即不只有教师的看法，还包括儿童及其家长的看法，让我们可以更客观地看待儿童，将他们视为有能力的整体学习者。

附　录
学习故事可以为各种评价工具提供补充

学习故事能够为早期教育领域中常用的一系列评价工具提供补充，如质量等级评估改进系统、课堂评估评分系统、预期发展结果概况、学习环境评量表、年龄和发展阶段调查问卷、语音意识和读写能力筛查等。这些评价工具经常在由联邦政府和州政府资助的早期教育机构中使用，用以评定办园质量、班级的社会性和情感氛围、班级的物理环境以及儿童的知识、发展里程碑和语音意识，从而确定早期教育机构的尽责程度以及所提供服务的质量。它们中的很多工具，我们在本书中呈现学习故事的实例时已经提到。在这里，我们将对每个工具进行简要说明。

质量等级评估改进系统

质量等级评估改进系统（QRIS），被用于"评价、改进和沟通早期教育机构的质量水平"（Mitchell，2005）。任何类型的早期教育机构（如托幼中心、家庭式托幼机构、开端计划项目和小学附设的幼儿园等）都可以使用这一系统。各州政府可以允许早期教育机构自愿选择是否使用这一系统，也可以规定某些早期教育机构必须使用它，例如那些接受了公共资金支持的早期教育机构，或所有获得许可在该州运营的早期教育机构。该系统能够：

> 增加高质量早期教育机构的可获性
> 为早期教育服务的提供者提供持续的专业发展和质量改进方面的支持

> 增进家长对早期教育项目质量以及高质量托幼中心和幼儿园的重要性的理解

利用 QRIS 进行评价，需要花费 60~90 分钟（规模大一点的幼儿园需要 90~180 分钟），评定者会审阅与儿童的健康、视力、听力相关的文件。在进行评价时，评定者审阅年龄和发展阶段调查问卷，也审阅儿童的成长档案以核实教师对儿童的观察，还审阅儿童的作品以及相关的预期发展结果概况文件。此外，评定者还审阅此园区最近一次的学习环境评量表的分数，以及课堂评估评分系统的分数。在幼儿园，评定者根据州政府的规定审查班级的师幼比和班级人数。评定结束时，评定者与幼儿园分享分数，分数在 1—5 之间，分数越高评价越高（First5 California）。

课堂评估评分系统

课堂评估评分系统（CLASS）是一种观察工具，由库里学校高级教学研究中心（Curry School Center for Advanced Study of Teaching and Learning）研发，用以评价从幼儿园到 12 年级的课堂质量。一开始，CLASS 是一个国家级儿童早期发展研究项目的一部分。随后，随着教育政策将重点转移到教师问责上，这项研究的重要性日益增加，因为它可以作为一种让教师了解自己所使用的方法如何在课堂上发挥作用的方式。CLASS 成为一种工具，既可以测评课堂上教师与学生之间互动的质量，也为增强不同学科领域和不同年级的师生互动提供了资源。CLASS 是一种观察式的教师评价工具，能捕捉教师的行为与学生的收获之间的关联。它包括 4 次观察，每次都是由有资质的 CLASS 观察者对教师和学生进行 15 分钟的观察。该系统能够：

> 为教育机构、学校和学区提供有关教师的教学是否有效的可靠证据

> 就什么是有效的教学实践，在不同学科领域和年级之间创造一种共同的语言
> 帮助教师更好地理解他们在课程上的互动如何影响学生的学习
> 记录教师与学生互动有效性的改进

预期发展结果概况

美国加利福尼亚州教育部早期教育和支持部门的预期发展结果概况（DRDP）系统，旨在提高为所有0—12岁儿童及其家庭提供服务的教育项目和机构的质量，包括参与早期保育和教育项目、课前和课后教育项目的儿童。评价结果可以帮助教师为个体儿童和儿童群体规划课程，并指导教育项目的持续改进。2015年发布的DRDP，是在之前的DRDP基础上制定的。它既包括过去几年对旧版DRDP进行的改良，也包括对高质量早期教育来说至关重要的一些新内容。2015年版的DRDP由8个方面和43条评价指标组成（Desired Results Access Project，n.d.）：

1. 学习品质之自我调节
2. 社会性和情感发展
3. 语言和读写发展
4. 英语发展
5. 数学和科学
6. 身体发展之健康
7. 历史和社会科学
8. 视觉和表演艺术

每个方面关注的是知识、技能或行为的习得，它们反映了每个领域的发展建构。

学习环境评量表

学习环境评量表（ERS）旨在评价各种早期教育机构和课后教育机构的整体教育质量，测评对儿童的广泛发展需求有影响的基本环境条件以及师生互动。基于广泛的研究和现场测试，ERS 已经拥有评分者信度和效度，使其特别适用于研究和教育项目评估，以及教师的专业发展和教育项目的改进。ERS 被广泛用于：各州和各学区范围内的 QRIS，持续的教育项目质量提升，幼儿园系统，多元文化和全纳项目，教学人员的自我评估，教师的专业发展和指导，以及大学早期教育专业课程。ERS 子量表和评量项目评估的是：

> 教师和儿童之间的互动

> 健康和安全

> 物理环境

> 课程

> 日常作息安排和课程结构

年龄和发展阶段调查问卷

年龄和发展阶段调查问卷（ASQ）旨在利用家长对儿童的日常观察来获得有关儿童发展的准确信息。ASQ 筛查系统由父母填写的、与儿童的年龄相适宜的问卷组成。ASQ 筛查系统包括两部分：ASQ-3 和 ASQ-SE2。ASQ-3 着眼于儿童早期发展的关键领域，它是一套检核儿童发展的简单问卷。ASQ-SE2 聚焦于儿童的社会性和情感发展。ASQ-3 有 21 个问卷，适用于从 1 个月至 5.5 岁的儿童（一个问卷适用于一个年龄组）。此外，还有一个"总体情况"部分，它提出一些与儿童发展相关的开放式问题，并让家长提出他们的担忧。以下是每个问卷都关注的 5 个重要发展领域。

1. 沟通：儿童的语言技能，既包括儿童理解了什么，也包括他能够说什么

2. 大动作：儿童如何使用胳膊、腿等大肌肉来坐、爬、走、跑和进行其他活动

3. 精细动作：儿童的手部和手指的运动及协调性

4. 解决问题：儿童如何玩玩具以及解决问题

5. 个性－社会性：儿童的自理能力以及与他人互动

语音意识和读写能力筛查

语音意识和读写能力筛查（PALS）是一个对4—5岁儿童的语音意识和读写能力进行筛查的系统，评估的是这个年龄段的儿童在读写基础知识方面的发展情况，并为教师根据儿童的具体需求量身定制教学提供指引。这个评价工具所反映的能力可以预测儿童未来能否成功地阅读，这个工具还可以测量：儿童的名字书写能力，大写字母和小写字母的识别能力，字母发音和发出单词首音的能力，文字和单词意识，音韵意识，以及童谣意识。第一次评价发生在秋季学期，面向4岁儿童，以指引一整年的教学。第二次评价发生在转过年来的春季学期，目的是评估儿童取得的进步。对评价结果的最佳解读包括：利用儿童个体层面的结果帮助教师满足儿童的具体需求，利用班级层面的结果指引面向整个群体的教学。整个班级的分数可以为教师规划课程提供信息，从而为所有儿童提供探究机会，并改进以语言为基础的读写教学。

参 考 文 献

前言

[1] Carr, M. 2001. *Assessment in Early Childhood Settings: Learning Stories.* Thousand Oaks, CA: Sage.

[2] Carr, M. , & W. Lee. 2012. *Learning Stories: Constructing Learner Identities in Early Education.* Thousand Oaks, CA: Sage.

[3] Carr, M. , & W. Lee. 2019. *Learning Stories in Practice.* Thousand Oaks, CA: Sage.

致谢

[1] Carr, M. (2001). *Assessment in early childhood settings: Learning Stories.* Thousand Oaks, CA: Sage.

[2] Curtis, D., & Carter, M. (2012). *The art of awareness: How observation can transform your teaching.* Redleaf Press.

[3] Curtis, D.. , & Carter, M. (2018). *Learning together with young children: A curriculum framework for reflective teachers* (2nd ed.). Redleaf Press.

[4] Drummond, T. (2020, July, 28). *Looking Closely at Children.* Tom Drummond Resources & Writings.

第 1 章

[1] Abramson, S. 2008. "Co-Inquiry: Documentation,Communication, Action." *Voices of Practitioners* 3 (2): 1-10.

[2] Curtis, D., & N. Jaboneta. 2019. *Children's Lively Minds: Schema Theory Made Visible.* St. Paul, MN: Redleaf Press.

[3] Escamilla, I.M, & D.R. Meier. 2017. "The Promise of Teacher Inquiry and Reflection: Early Childhood Teachers as Change Agents." *Studying Teacher Education* 14 (1): 1-19.

[4] Forman, G. & B. Fyfe. 2012. "Negotiated Learning Through Design, Documentation, and Discourse." In *The Hundred Languages of Children: The Reggio Emilia Experience in Transformation,* eds. C. Edwards, L. Gandini, & G. Forman, 3rd ed., 247-272. Santa Barbara, CA: Praeger.

[5] Given, H., L. Kuh, D. LeeKeenan, B. Mardell, S. Redditt, & S. Twombly. 2010. "Changing School Culture: Using Documentation to Support Collaborative Inquiry." *Theory Into Practice* 49: 36-46.

[6] Goeson, R. 2014. "Finding Our Voices Through Narrative Inquiry: Exploring a Conflict of Cultures." *Voices of Practitioners* 9 (1): 1-22.

[7] Henderson, B., D. Meier, G. Perry, & A.J. Stremmel. 2012. "The Nature of Teacher Research." *Voices of Practitioners*: 1-7.

[8] Kroll, L.R. 2005. "Making Inquiry a Habit of Mind: Learning to Use Inquiry to Understand and Improve Practice." *Studying Teacher Education* 1 (2): 179-193.

[9] Kroll, L.R., & D.R. Meier. 2017. *Documentation and Inquiry in the Early Childhood Classroom: Research Stories from Urban Centers and Schools.* New York: Routledge.

[10] McDonald, J.P. 1992. *Teaching: Making Sense of an Uncertain Craft.*

New York: Teachers College Press.

[11] Meier, D.R. With O. Chavez, L.L. Eung, & J. Mancina. 2017."Zaida T. Rodriguez Early Education School: Telling a Story on the Walls." In Documentation and Inquiry in the Early Childhood Classroom. L.R. Kroll & D.R. Meier, 74-90. New York: Routledge.

[12] NSRF (National School Reform Faculty), n.d. "Text Rendering Experience." Bloomington, IN: NSRF.

[13] Project Zero & Reggio Children. 2001. *Making Learning Visible: Children as Individual and Group Learners.* Cambridge, MA: Reggio Children & Project Zero.

[14] Stribling, S.M. 2017. "The Transformative Power of Action Research." In *Experiments in Agency: New Research-New Voices,* eds. S.F. Baily, F. Shahrokhi, & T. Carsillo, 27-38. Rotterdam, Netherlands: Sense Publishers.

第 2 章

[1] Benham. M. 2007. "Mo'olelo: On Culturally Relevant Story Making from an Indigenous Perspective." In *Handbook of Narrative Inquiry: Mapping a Methodology,* ed. D.J. Clandinin, 512—534. Thousand Oaks. CA: Sage.

[2] Bennett, S.V., A.A. Gunn, G. Gayle-Evans, E.S. Barrera. & C.B. Leung. 2018. "Culturally Responsive Literacy Practices in an Early Childhood Community." *Early Childhood Education Journal* 46(2): 241-248.

[3] Carr, M. 2001. *Assessment in Early Childhood Settings: Learning Stories.* Thousand Oaks, CA: Sage.

[4] Carr. M., & W. Lee. 2012. *Learniing Stories: Constructing Learner Identities in Early Education.* Thousand Oaks.CA: Sage.

[5] Carr. M., & W. Lee. 2019. *Learning Stories in Practice.* Thousand Oaks, CA: Sage.

[6] Carter, M. 2010. "Using Learning Stories to Strengthen Teachers' Relationships with Children." *Exchange* 32 (6): 40-44.

[7] Carter, M. 2017. "Growing Ourselves as Leaders: A Conversation with Annie White." *Exchange,* November/ December, 46-51.

[8] Drummond, T. n.d. "Writing Learning Stories." Accessed December 27, 2020.

[9] Esteban-Guitart, M., Lalueza. J. L., Zhang-Yu, C., & Llopart. M. (2019). "Sustaining students' cultures and identities. A qualitative study based on the funds of knowledge and identity approaches." *Sustainability,* 11 (12): 3400.

[10] Gay, G. 2002. "Preparing for Culturally Responsive Teaching." *Journal of Teacher Education* 53 (2): 106-116.

[11] Ghiso, M.P. 2016. "The Laundromat as the Transnational Local: Young Children's Literacies of Interdependence." *Teachers College Record* 118 (1): 1-46.

[12] Gonzalez, N., L. Moll, & C. Amanti. 2005. *Theorizing Practices in Households, Communities, and Classrooms.* Mahwah, NJ: Erlbaum.

[13] Hammond. Z. 2014. *Culturally Responsive Teaching and the Brain: Promoting Authentic Engagement and Rigor Among Culturally and Linguistically Diverse Students.* Thousand Oaks, CA: Corwin Press.

[14] Ladson-Billings. G. 2014. "Culturally Relevant Pedagogy 2.0: a.k.a. The Remix." *Harvard Educational Review* 84 (1): 74-84.

[15] Licona, M.M. 2013. "Mexican and Mexican-American Children's Funds of Knowledge as Interventions into Deficit Thinking: Opportunities for Praxis in Science Education." *Cultural Studies of Science Education* 8 (4): 859-872.

[16] Llopart. M., & M. Esteban-Guitart. 2018. "Funds of Knowledge in 21st

Century Societies: Inclusive Educational Practices for Under-Represented Students, A Literature Review." *Journal of Curriculum Studies* 50 (2): 145-161.

[17] Meier. D. R., & A.J. Stremmel. 2010. "Reflection Through Narrative: The Power of Narrative Inquiry in Early Childhood Teacher Education." *Journal of Early Childhood Teacher Education* 31 (3): 249-257.

[18] Rodriguez, G.M. 2013. "Power and Agency in Education: Exploring the Pedagogical Dimensions of Knowledge." *Review of Research in Education* 37: 87-120.

[19] Souto-Manning. M. (2009). "Negotiating Culturally Responsive Pedagogy Through Multicultural Children's Literature: Towards Critical Democratic Literacy Practices in a First Grade Classroom." *Journal of Early Childhood Literacy,* 9 (1), 50-74.

[20] Souto-Manning, M., & C.H. Mitchell. 2010. "The Role of Action Research in Fostering Culturally-Responsive Practices in a Preschool Classroom." *Early Childhood Education Journal* 37(4): 269.

[21] Vygotsky. L.S. 1978. *Mind in Society: The Development of Higher Psychological Processes.* Cambridge, MA: Harvard University Press.

[22] White, A. 2017. "Creating New Pathways for Dialogue: Collaboration of Diverse Voices." *NHSA Dialogue* 19 (1): 60-88.

第 3 章

[1] Bentley, D.F., &M. Souto-Manning. 2019. *Pre-K Stories: Playing with Authorship and Integrating Curriculum in Early Childhood.* New York: Teachers College Press.

[2] Carr, M. 2001. *Assessment in Early Childhood Settings: Learning Stones.*

Thousand Oaks, CA: Sage.

[3] Carr, M., & W. Lee. 2012. *Learning Stories: Constructing Learner Identities in Early Education.* Thousand Oaks, CA: Sage.

[4] Carr, M., & W. Lee. 2019. *Learning Stories in Practice.* Thousand Oaks, CA: Sage.

[5] Curtis, D., & M. Carter. 2017. *Learning Together with Young Children: A Curriculum Framework for Reflective Teachers,* 2nd ed.. St. Paul, MN: Redleaf Press.

[6] Hammond, Z. 2014. *Culturally Responsive Teaching and the Brain: Promoting Authentic Engagement and Rigor Among Culturally and Linguistically Diverse Students.* Thousand Oaks, CA: Corwin Press.

[7] Ladson-Billings, G. 2014. "Culturally Relevant Pedagogy 2.0: a.k.a. The Remix." *Harvard Educational Review* 84 (1): 74-84.

[8] Moll, L.C., S. Soto-Santiago, & L. Schwartz. 2013. "Funds of Knowledge in Changing Communities." In *International Handbook of Research on Children's Literacy, Learning, and Culture,* eds. K. Hall, T. Cremin, B. Comber, & L.C. Moll, 172-183. Malden, MA: John Wiley & Sons.

[9] Perry, G., B. Henderson, & D.R. Meier. 2012. *Our Inquiry, Our Practice: Undertaking, Supporting, and Learning from Early Childhood Teacher Research(ers).* Washington, DC: NAEYC.

第 4 章

[1] Curtis, D., & N. Jaboneta. 2019. *Children's Lively Minds: Schema Theory Made Visible.* St. Paul, MN: Redleaf Press.

[2] DeVries, R., & B. Zan. 1994. *Moral Classrooms, Moral Children: Creating a Constructivist Atmosphere in Early Education.* New York: Teachers

College Press.

[3] DeVries, R., B. Zan, C. Hildebrandt, R. Edmiaston, & C. Sales. 2002. *Developing Constructivist Early Childhood Curriculum: Practical Principles and Activities.* New York: Teachers College Press.

[4] Forman, G., & B. Fyfe. 2012. "Negotiated Learning Through Design, Documentation, and Discourse." In *The Hundred Languages of Children: The Reggio Emilia Experience in Transformation,* eds. C. Edwards, L. Gandini, & G. Forman, 3rd ed., 225-232. Santa Barbara, CA: Praeger.

[5] Fosnot, C.T, & R.S. Perry. 2005. "Constructivism: A Psychological Theory of Learning." In *Constructivism: Theory, Perspectives and Practices,* ed. C.T. Fosnot, 8-38. New York: Teachers College Press.

[6] Kroll, L.R. 2017. "Early Childhood Curriculum Development: The Role of Play in Building Self-Regulatory Capacity in Young Children." *Early Child Development and Care* 187 (5-6): 854-868.

[7] Kroll, L.R. 2018. "How Documentation of Practice Contributes to Construction and Reconstruction of an Understanding of Learning and Teacher." In *Constructivist Education in an Age of Accountability,* ed. D.W. Kritt, 301-316. Cham, Switzerland: Palgrave MacMillan.

[8] Maturana, H.R. & F.J. Varela. 1992. *The Tree of Knowledge: The Biological Roots of Human Understanding,* trails. R. Paolucci, Rev. ed. Boston: Shambhala.

[9] Piaget, J. & B. Inhelder. 2000. *The Psychology of the Child.* New York: Basic Books.

[10] Quinn, B. 2017. The Roots of Learning: Inquiry as a Form of Resistance at a Spanish Immersion Preschool. In *Documentation and Inquiry in the Early Childhood Classroom: Research Stories from Urban Centers and Schools,* eds. L.R. Kroll & D.R. Meier, 41-57. New York: Routledge.

[11] Vygotsky, L.S. 1978. *Mind in Society: The Development of Higher Psychological Processes.* Cambridge, MA: Harvard University Press.

第 5 章

[1] Argueta, J. 2001. *A Movie in My Pillow: Poems.* San Francisco: Children's Book Press.

[2] Carr, M. 2001. *Assessment in Early Childhood Settings: Learning Stories.* Thousand Oaks, CA: Sage.

[3] Can, M., & W. Lee. 2012. *Learning Stories: Constructing Learner Identities in Early Education.* Thousand Oaks, CA: Sage.

[4] Carr, M., & W. Lee. 2019. *Learning Stories in Practice.* Thousand Oaks, CA: Sage.

[5] Curtis, D., & M. Carter. (2018). *Learning Together with Young Children: A Curriculum Framework for Reflective Teachers,* 2nd ed. St. Paul, MN: Redleaf Press.

[6] Cyphert, A.B. 2014. "Addressing Racial Disparities in Preschool Suspension and Expulsion Rates." *Tennessee Law Review* 82 (4): 893.

[7] Delpit, L. 1995. *Other People's Children: Cultural Conflict in the Classroom.* New York: New Press.

[8] Edyburm, K.L., M. Quirk, & C. Oliva-Olson. 2019. "Supporting Spanish-English Bilingual Language Development Among Latinx Dual Language Learners in Early Learning Settings." *Contemporary School Psychology* 23 (1): 87-100.

[9] Gilliam, W.S., A.N. Maupin, C.R. Reyes, M. Accavitti, & F. Shic. 2016. "Do Early Educators' Implicit Biases Regarding Sex and Race Relate to Behavior Expectations and Recommendations of Preschool Expulsions

and Suspensions?" Research Study Brief. New Haven, CT: Yale University, Child Study Center.

[10] Magruder, E.S., W.W. Hayslip, L.M. Espinosa, & C. Matera. 2013. "Many Languages, One Teacher: Supporting Language and Literacy Development for Preschool Dual Language Learners." *Young Children* 68 (1): 8-15.

[11] Meier, D.R., & B. Henderson. 2007. *Learning from Young Children in the Classroom: The Art and Science of Teacher Research.* New York: Teachers College Press.

[12] Meier, D.R., & A.J. Stremmel. 2010. "Reflection Through Narrative: The Power of Narrative Inquiry in Early Childhood Teacher Education." *Journal of Early Childhood Teacher Education* 31 (3): 249-257.

[13] NAEYC. 2019. "Advancing Equity in Early Childhood Education." Position statement. Washington, DC: NAEYC.

[14] White, A. 2015. "Creating New Pathways for Dialogue: Engaging Families in School Readiness." Dissertation. University of California, Davis.

第 6 章

[1] Carr, M., & W. Lee. 2019. *Learning Stories in Practice.* Thousand Oaks, CA: Sage.

[2] Claro, S., D. Paunesku, & C.S. Dweck. 2016. "Growth Mindset Tempers the Effects of Poverty on Academic Achievement." *Proceedings of the National Academy of Sciences* 113 (31): 8664-8668.

[3] Curtis, D., & M. Carter. 2017. *Learning Together with Young Children: A Curriculum Framework for Reflective Teachers* 2nd ed. St. Paul, MN: Redleaf Press.

[4] Hatherly, A. 2006. "The Stories We Share: Using Narrative Assessment to Build Communities of Literacy Participants in Early Childhood Centres." *Australasian Journal of Early Childhood* 31 (1): 27-34.

[5] Higgins, A., & S. Cherrington. 2017. "What's the Story?: Exploring Parent-Teacher Communication through ePortfolios." *Australasian Journal of Early Childhood* 42 (4): 13-21.

[6] Remen, R.N. 1996. *Kitchen Table Wisdom: Stones that Heal.* Sydney, Australia: Pan Macmillan Australia.

[7] Southcott, L.H. 2015. "Learning Stories: Connecting Parents, Celebrating Success, and Valuing Children's Theories." *Voices of Practitioners* 10: 34-50.

[8] Souto-Manning, M. 2016. "Honoring and Building on the Rich Literacy Practices of Young Bilingual and Multilingual Learners." *The Reading Teacher* 70 (3): 263-271.

附录

[1] Ages and Stages. n.d. "Ages and Stages." Baltimore: Brookes. Accessed January 4, 2021.

[2] Build Initiative. n.d. "Quality Rating and Improvement Systems (QRIS)." Accessed January 4, 2021.

[3] CASTL (Center for Advanced Study of Teaching and Learning), n.d. "Classroom Assessment Scoring System." Curry School of Education and Human Development, University of Virginia. Accessed January 4, 2021.

[4] CDE (California Department of Education). 2019. "Introduction to Desired Results."

[5] Desired Results Access Project. n.d. "Desired Results Access Project." Napa County Office of Education, Research and Professional Development Center, California Department of Education. Accessed January 4, 2021.

[6] First Five California (2017). State of California.

[7] FPG (Franklin Porter Graham) Child Development Institute. n.d. "Environment Rating Scales." University of North Carolina at Chapel Hill. Accessed January 4, 2021.

[8] PALS Resource Center. n.d. "PALS-PreK." Accessed January 4, 2021.